FACULTÉ DE DROIT DE RENNES

THÈSE

POUR LA LICENCE

NANTES

IMPRIMERIE VINCENT FOREST ET ÉMILE GRIMAUD

PLACE DU COMMERCE, 4

—

1874

FACULTE DE DROIT DE RENNES

THÈSE POUR LA LICENCE

DROIT ROMAIN

De Pacto quod dicitur de non petendo, et præsertim de pacto cum creditoribus suspectæ hereditatis interposito.

DROIT FRANÇAIS

DU CONCORDAT

Cette Thèse sera soutenue le Mercredi 12 Août 1874, à 2 heures,

PAR

LOUIS BERTHET

NÉ A TOURS, LE 19 NOVEMBRE 1851.

EXAMINATEURS :
MM. DURAND, WORMS,	*professeurs.*
MARIE, GARNIER,	*agrégés, chargés de cours.*

NANTES

IMPRIMERIE VINCENT FOREST ET ÉMILE GRIMAUD

Place du Commerce, 4

1874

C.

13.

A MES PARENTS.

—

A MES AMIS.

—

JUS ROMANUM

De Pacto quod dicitur de non petendo, et præsertim de pacto cum creditoribus suspectæ hereditatis interposito.

(Dig. Lib. II, Tit. XIV.)

I

DE PACTO QUOD DICITUR DE NON PETENDO.

PROOEMIUM.

Jure civili, non aliter solvi obligatio poterat, nisi eo modo quo erat contracta. Namque, ut ait Ulpianus : « Nihil tam naturale est quam eo genere quidquid dissolvere quo colligatum est. » (Dig. *de reg. jur.* 35.)

Itaque, si quis debitori suo, etiam obligationem non præstanti, tamen liberationem concedere vellet, necesse erat ut fictâ quâdam et imaginariâ solutione uteretur. Per æs et libram, aut verbis, aut litteris, interdum etiam solo consensu, tolli obligatio solebat, sæpiùs tamen verbis, id est acceptilatione. Quæ quidem imaginariæ solutionis species, verborum tantùm obligationibus tollendis primùm idonea, posteà verò Aquilianæ stipulationis beneficio ad omnes obligationes extinguendas aptata, sola usque ad Justiniani tempus exstitit. Hâc autem adhibitâ, omne omninò vinculum rumpitur, ita ut nihil a priscâ obligatione supersit, et, si plures sint debitores, unius liberatione omnes alii liberentur.

Illud autem jure prætorio cautum est, ut, si, si quis non imaginariam solutionem a debitore accipiat, sed cum debitore paciscatur ne petat, non omninò quidem obligatio deleatur, sed debitori exceptio competat ad repellendam creditoris actionem. Quod autem pactum dictum est *de non petendo,* et intercessisse videtur, sive quis expressè promittat non petiturum, sive promittat accepto laturum. Ita Papinianus : « Intrà illum diem debiti partem si solveris, acceptum tibi residuum feram et te liberabo ; licet actionem non habeat, pacti tamen exceptionem competere debitori constitit. »

SECTIO PRIMA.

Quibus modis hoc pactum fieri queat.

I. — Pactum de non petendo vel in rem fieri potest, vel in personam. In rem, quum nulla fit limitatio personarum quibus prodesse pactum debeat ; in personam autem, quum hoc agitur ut pacti utilitas certæ personæ adhibeatur, scilicet paciscenti. Utrùm autem in rem an in personam pactum factum sit, non minus ex verbis quam ex mente paciscentium æstimandum est ; ideo, si convenit *ne a Lucio Titio petam,* in personam, sin autem *ne petam,* in rem esse pactum videtur. Diversos autem ex utrâque paciscendi ratione effectus exsistere posteà videbimus.

II. — Variâ etiam ratione pacisci queunt, sive hoc agitur ne omnino petatur, sive ne intrà certum tempus agatur, veluti intrà quinquennium. Inde perpetua ac peremptoria modo nascitur exceptio, modo temporalis ac dilatoria ; quo casu, si ante tempus agat creditor, objectaque sit exceptio, non solum nihil accipit propter exceptionem, sed etiam vel elapso tempore olìm utiliter agere non poterat, alterâ obstante exceptione, nempe rei in judicium deductæ ; Justinianus autem Zenonianam constitutionem de iis qui tempore plus petunt locum habere voluit ; id est contrà actorem qui pacti inducias contempserit tempus duplicari. (Just. Inst. Lib. IV, Tit. XIII, § 10.)

III. — Interdùm sine apertâ paciscentium conventione, tacitâ quâdam voluntate pactum fieri videtur. Quod præsertim evenit si acceptum ferat creditor et ipsa acceptilatio sit inutilis. Utputà si cui, quum re sit obligatus, accepto latum fuerit, non liberatur quidem, quia verborum tantùm obligationem tollit acceptilatio, sed exceptione tamen doli mali seu pacti conventi se tueri poterit ; nam is qui accepto tulit, nimirùm ab omni petitione destitisse videtur. Sin autem mens contraria appareat, nullum sanè pactum erit ; fingamus enim eum qui accepto ferebat, scientem nullius esse momenti acceptilationem, sic accepto tulisse, tum nullam liberandi voluntatem præsumere licebit; etenim, ut Ulpianus ait : « Quis dubitat non esse pactum quum consensus paciscendi non fuerit? »

Secùs de novatione. Etenim ille qui novat non simpliciter debitorem liberare sed novum vult habere ; inutilis ergo novatio utile pactum de non petendo continere non videtur. Hoc autem exempli gratiâ Gaius præstitit, scilicet, si quis pecuniam a servo stipulatus sit quam sibi Titius debebat, eum, si a Titio petat, ita summovendum esse, si stipulatori in dominum istius servi de peculio actio danda sit, id est si justam causam intercedendi servus habuerit, quia forte tantumdem pecuniæ Titio debuerit ; sin autem quasi fidejussor intervenerit, ex quâ causâ in peculium actio non daretur, non esse inhibendum creditorem quominus à Titio petat; æquè nullo modo prohiberi eum debere, si eum servum liberum esse credidisset.

Id quoque quæri potest, num is, qui Titium alicujus rei debitorem habeat, posteàque aliud ab eodem stipuletur, ob id quod in altera stipulatione nullam prioris debiti mentionem fecerit, de non petendo pactus videri debeat ; Paulus respondit integram utramque permansisse creditoris petitionem.

SECTIO II.

Quibus pacisci liceat.

Non omnibus pacisci de non petendo licet.

Nam dubitari potest, an rectè pacisci queant servus vel filiusfamiliâs.

Sanè si filius aut servus pactus sit ne ipse peteret, pactio est inutilis : quia is solus ad quem pertinet actio potest pacisci ne petat.

Si pactio in rem facta sit, rata habenda erit adversus patrem domi-
numve. Duæ autem conditiones inesse debebunt. Oportet enim filium aut
servum habuisse liberam peculii administrationem, et eam rem de quâ
pacti sunt peculiarem fuisse; oportet etiam pactionem non fuisse onerosam, nam is qui administrationem peculii habet donandi jus non habet;
quòd si utputà filius aut servus receperit aliquid aut æquale aut amplius
eo quod promisit ne peteret, valebit pactio.

Quum aliquando filiusfamiliâs actionem habeat, verbi gratiâ injuriarum, valet pactum, sed patri non nocet, cui suo nomine quoque actio
competit.

Poterit quoque filiusfamiliâs pacisci de eo quod sub conditione lega-
tum est; si enim conditio maneat eo tempore quo sui juris erit factus,
valebit, quia non interest rem ante diem congruum fieri aut in illud tempus conferri.

SECTIO III.

De effectibus pacti conventi.

I. — Ex hoc pacto nullam unquam actionem nasci posse, procul
dubio est; quum ad imminuendam semper obligationem, nunquam ad
augendam interponatur; imò non aliter nisi ut exstinguendarum obliga-
tionum modus haberi potest.

Et ne ipso jure quidem tolluntur per hoc pactum actiones, nisi forte
quædam, ut injuriarum, item furti. In eo igitur quod plerumque fit,
exceptionem tantum parit, scilicet quâ debitor creditorem cum quo pactus
sit, postea convenientem repellat. Varius autem erit opponendæ exceptionis modus, sive stricti juris sive bonæ fidei actione agat petitor. Nam,
si stricti juris actio sit, includi formulæ pacti conventi exceptionem necesse
est; secus, si bonæ fidei. Utputà si quis pecuniam crediderit posteàque
pactus sit ne peteret, ita formula a prætore redigetur : « Si paret Nume-
rium Negidium Aulo Agerio sestertium decem millia dare oportere, neve
postea convenit ne peteretur.... » Sin autem ex vendito agatur ab eo qui
venditi pretium se non petiturum promiserit, tum officio judicis continetur, num pactio valeat ex bonâ fide inspicere.

II. — Nunc videamus quibus personis ea, quam diximus, exceptio competat.

Vel in rem, vel in personam fieri pactum supra vidimus; unde vel rei vel personæ cohærentes nascuntur exceptiones.

Si in rem factum sit, id est *ne petatur*, defuncto vel creditore vel debitore, ab heredibus debitoris adversus creditoris heredes opponi exceptio poterit; contrà, si in personam. Ita Florentinus : « Sin ex alterâ parte in rem, ex alterâ in personam pactum conceptum fuerit, veluti *ne ego petam*, vel *ne a te petatur*, heres meus ab omnibus vobis petitionem habebit, et ab herede tuo omnes petere poterimus. »

Fingamus nunc plures esse vel stipulandi vel promittendi reos.

1° Si promittendi rei plures sint, et cum uno tantùm creditor de non petendo paciscatur, hæc agere potest : aut ne a paciscente reo petat, et tum huic soli exceptio pacti conventi competit ; aut ne ab illis etiam quorum repetitioni obnoxius foret creditor, et tum hi quoque pacti conventi, in id quod debitoris interest, exceptionem habent; aut ne ab ullo quoquam reorum petatur, quo casu non jam pacti conventi exceptionem opponere queunt, sed doli mali, quòd contrà fidem agat petitor : hoc tamen notato, quod tunc tantummodo in rem apud omnes omninò pactum videtur, quum expressè a creditore declaratum sit.

Inde pactum a creditore cum reo principali conventum, si in personam sit, fidejussori non prodest; prodest autem si in rem sit, quia si quid fidejussor solvisset, id a debitore repeteret; denique, si nullam omnino fore petitionem creditor promisit, exceptione doli mali repelletur.

Pactum cum fidejussore conventum nunquam reo prodesse potest, nisi id a creditore promissum sit, ut a nemine peteret. An autem alteri fidejussori prosit quæritur : eadem omninò sunt decernenda.

Puta nunc cum uno ex duobus promittendi correis creditorem pactum esse : et id quoque distinguendum est, utrum socii sint an non.

Nam, si non socii sint, quum nullam inter se soluti repetitionem habere queant, non aliam ex pacto utilitatem Secundus recipere poterit quam si creditor, cum Primo pactus, a neutro se petiturum declaraverit : quo casu doli mali exceptio adhibenda erit.

2

Sin autem socii sint, pactum quidem in personam factum Primo tantum proderit, sed si *ne petat* conventum est, tum ex eo Secundus etiam excipere poterit, quia hujus repetitioni Primus obnoxius est. Sed hæc quæstio emergit, utrùm in totum exceptio a Secundo opponenda sit, an in partem tantùm dimidiam. Quibusdam placuit in dimidiam, ob id quod non plus quam dimidia pars Primo incumbit. Sed id et ex jurisconsultorum scriptis apparet et æquius videtur, ut in·totum exceptione Secundus utatur. Nam si quid creditori Secundus solveret, dimidiam soluti partem a Primo repetere posset : quod quidem pacto inhibere partes voluerunt.

Quod si in solidum obligati duo debitores sint, idem sane decernendum est quod de correis sociis, quia socii et illi nobis esse videntur.

2° Si stipulandi duo rei sint, et unus tantum cum debitore paciscatur, hæc agere potest : aut ne ipse petat, aut ne alter etiam id a debitore petat, quod et ipse ab altero repetere posset, si forte solutum esset. Sed si ut novissime dictum est inter Primum atque debitorem pactum convenerit, quæritur num Secundus, in eo quod ad Primi partem pertinet, a debitore repelli queat. Quidam existimant non obstare pactum quin Secundus solidum debitum a reo exigat, ob id quod a Secundo dimidiam accepti partem Primus repetiturus sit. Æquius tamen censetur nihil ultra dimidiam partem exigi posse ; nam, quum Primus plane promiserit se nihil a Secundo repetiturum, dolo malo agere Secundus videtur, quum ultra suam ipsius partem vindicet.

SECTIO IV.

Quomodo hoc pactum exstinguatur.

Si inter reum atque creditorem, de non petendo pactos, posteà alterum pactum conveniat ut petatur, nimirum prima tolletur pactio et petendi facultatem creditor recuperabit. Ita Alexander : « Pacta novissima servari oportere tam juris quam ipsius rei æquitas postulat. »

Cæterum id notandum est quod non ipso jure prius pactum per posterius tollitur sed per replicationem. Ita Paulus : « Pactus ne peteret, posteà convenit ut peteret. Prius pactum per posterius elidetur, non quidem ipso jure, sicut tollitur stipulatio per stipulationem, si hoc actum est :

quia in stipulationibus jus continetur, in pactis factum versatur: et ideò replicatione exceptio elidetur. »

Superest ut videamus num fidejussori, quum per prius pactum liberationem sit adeptus, posterius pactum noceat. Nocere Paulus ait, scilicet posteriori pacto effici ut prior obligatio renascatur: quod ex ipso jure et ex iis quæ suprà diximus derivari videtur. Contrà tamen Anthianus, humaniore quâdam sententiâ, non sublatam esse fidejussori prioris pacti utilitatem censet, scilicet: « Semel acquisitam fidejussori exceptionem ulteriùs ei invito extorqueri non posse. »

II

DE PACTO CUM CREDITORIBUS SUSPECTÆ HEREDITATIS INTERPOSITO.

SECTIO PRIMA.

Quando et quas inter personas ita conveniat.

Inter heredes atque hereditatis creditores pactum quoddam intervenire solet, quod et ipsum de non petendo dici potest; utpote quo ita conveniat, ne a creditoribus ultrà certam partem debiti petatur.

Heredibus enim, quum periculosum sit onerosam ac defœneratam accipere hereditatem, licet hereditatem omninò deserere: scilicet necessariis, separatum ab hereditariis rebus patrimonium suum habere, seu sese abstinere; extraneis autem, repudiare. Quod invicem creditoribus plerumque nocebit, nam, desertâ hereditate, nullum jam debitorem habere incipiunt. Itaque, ne deseratur hereditas neu tamen nimiam heredes patiantur petitionem, id, in accipiendâ defuncti successione, pacisci heredes cum creditoribus solent, ut certâ debiti parte, putà tertiâ vel dimidiâ, contenti sint.

Quibus autem heredibus ita pacisci permissum sit, quæri potest.

Servus purè scriptus, quum defuncto domino libertatem simul atque hereditatem adipiscatur, rectè quidem paciscitur. Sin autem sub conditione tantum scriptus fuerit, quum pendeat simul cum testamento et ipsa servi conditio, nihil pactum proderit ; quoniam, ut ait Ulpianus, non solet ei proficere si quid in servitute egit, post libertatem.

Suum autem heredem rectè omninò pacisci procul dubio videtur.

Extraneum heredem, quum mandatu creditorum adierit, quidam existimant mandati quoque actionem adversus illos habere, ut damnum præstent quod ipsi ex illâ hereditate continget.

Iis autem qui inutile pactum fecerunt, interdum tamen adversus creditores, solidum posteà petentes, non omnis deficiet repugnandi facultas. Ita filiumfamiliâs heredem institutum, qui pactus sit cum creditoribus et posteà emancipatus adierit hereditatem, quanquam paciscendo nihil egisse videtur, tamen creditores doli mali exceptione repellere plerisque placuit. Item filii, vivo patre, cum creditoribus paternis conventio nullam reprobationem recipiet, quia votum mortis continere non videtur; nempe non propter appetitionem quamdam bonorum patris pactus est, sed in id tantum ne ære paterno mergeretur, ideoque creditorum petitiones rejiciet. Denique ne servo quidem, qui in servitute pactus est, respuenda est doli exceptio.

Haud ægrè tandem intelligitur non aliter utilem fore conventionem nisi prius efficiatur, quam heres aut sese immiscuerit rebus hereditariis aut hereditatem adierit ; quum post acceptam hereditatem non partem tantum debiti sed integras defuncti obligationes exigere ab herede creditores queant.

SECTIO II.

Quæ formulæ adhibeantur.

Antiquo jure, pactum ab unoquoque creditorum perfectum inter hunc tantum et heredem valebat : quod jus omnium conventionum est, ex eo quod res inter alios acta aliis neque nocere neque prodesse potest. Sed ex constitutione D. Pii admissum est, ùt aliis quam qui pacti sunt creditoribus obesse possit, quodque debitum a parte quadam creditorum sit remissum, hoc ab omnibus remissum esse videatur.

Quin etiam certam formam in hoc paciscendi modo observandam D. Marcus posteà constituit.

In unum convenire debent creditores, ut communi consensu declarent quotâ parte debiti sint contenti : quo casu ad id rediguntur omnium creditorum petitiones, quod est omnium voluntate decretum.

Sed si dissentiant, tunc intervenire oportet prætoris decretum, quo omnium voluntates ad unam redigantur decisionem, etiam ab dissentientibus observandam.

Nec tamen aliter decerni potest a prætore quam secundùm majoris partis sententiam. Quæ autem sententia unde appareat inspiciamus :

Primum hoc animadvertendum est, quòd major pars non pro numero personarum sed pro modo debiti perpenditur ; ita ut ea prævalere debeat voluntas, cui majus pecuniæ pondus accessisse inveniatur.

In æstimatione cujusque crediti non solum sors est adhibenda, sed etiam usuræ quibus aucta est.

Si cui plures summæ debeantur, hæ in unam summam coactæ æstimantur. Ita Paulus ait : « Cumulum debiti et ad plures summas referemus ; si uni forte minutæ summæ centum aureorum debeantur, alii verò una summa aureorum quinquaginta : nam in hunc casum spectabimus summas plures : quia illæ excedunt, in unam summam coadunatæ. »

Id autem fieri aliquando potest, ut omnes in cumulo debiti æquales inveniantur ; quo casu non jam ex summarum perpensione sed ex numero personarum præferenda sententia apparebit. Has itaque in numeratione personarum observandas regulas Paulus proponit :

Si plures sint qui eamdem actionem habent, ii omnes pro uno numerari debent. Quod maximè evenit, quum plures prodeant rei stipulandi, vel plures argentarii quorum nomina simul facta sunt. Item unius locum obtinebunt plures ejusdem pupilli tutores, vel etiam unus tutor cujus plures pupilli creditum idem unà possident.

Sin autem unus creditor prodeat, sed pluribus instructus actionibus, is, quamvis plurium vicem quodammodo obtinere videatur, tamen pro uno habebitur ; individuam enim cujusque creditoris personam nullam divisionem posse recipere visum est.

Compositâ sic utrâque parte, numerus amplior prævalebit. Quid autem si par in utramque sententiam numerus accedere inveniatur ? Tum ejus auctoritatem prætor subsequetur, qui dignitate inter cæteros creditores præcellit. Quòd si et dignitatis ratione nulla inspici differentia queat, tum humaniorem atque moderatiorem sententiam prætorio decreto consecrandam esse visum est.

SECTIO III.

Qualia per hoc pactum efficiantur.

Hoc maximè, ut suprà vidimus, pacto convento efficitur, quòd creditores eâ, quæ decreta demùm fuit, debiti parte contenti esse debeant; ideòque heredi adversus ultrà petentes pacti exceptio competat : quæ præterea singulari quodam jure non solum iis, qui pacti sunt, creditoribus, sed iis etiam quorum contraria voluntas fuit, opponi possit.

Attamen aliquot quæstiones emergunt ex eo quòd quibusdam creditoribus an pactum conventum nocere queat dubium videtur.

Primùm quæritur an tutor, idemque patris creditor, quum pupilli nomine cum creditoribus hereditatis pactus sit, posteà eâdem portione, ad quam alios vocaverit, contentus et ipse esse debeat. Respondit Scævola tutorem jus creditorum sequi debere; ita ille : « Quum in eo esset pupillus ut ab hereditate patris abstineretur, tutor cum plerisque creditoribus decidit ut certam portionem acciperent : idem curatores cum aliis fecerunt. Quæro an et tutor idemque creditor patris eamdem portionem retinere debeat? Respondi : Eum tutorem qui cæteros ad portionem vocaret, eâdem parte contentum esse debere. » Id autem nobis hìc notandum videtur, quòd illa multis annis ante imperatorum constitutiones scripta sunt, ideòque antiquo juri adhibita, scilicet quo singuli creditores cum herede pacisci solebant. Nunc autem, quum creditores in unum conveniant, et majoris partis voluntate omnes obligentur, neque quæri necesse est, neque dubitari sanè potest, quin tutor idemque creditor cæterorum creditorum conditionem sortiri debeat.

Illud deindè quæritur, num absentes etiam creditores id, quod a præsentibus conventum est, pati debeant. Et respondit Ulpianus in eo conservanda esse quæ, ante formam a D. Marco datam, D. Pii constitutione jussa erant ; unde satis apparet pactum , majori creditorum parti placitum, prætoriâque auctoritate confirmatum , etiam absentibus nocere ; nam etsi præsentes fuissent , necesse habuissent huic convertioni stare, proindèque exceptio rectè competit heredi.

Quod tamen de iis tantùm intelligi debet qui neque privilegia habent neque hypothecas.

Nam, quod ad privilegiarios pertinet, iis quidem nocere pactum ex D. Pii constitutione patet ; verùm id D. Marci rescripto deletum esse quidam existimant, ideò absentibus, si privilegium habeant, non jam opponendam esse præsentium conventionem.

Hypothecariis autem absentibus nunquam obesse pactum ex utrâque imperatorum decisione constat.

Vidimus heredem post conventum pactum certâ debiti parte exceptionis ope liberari ; superest ut quæramus an fidejussoribus debitoris vel pecuniæ credendæ mandatoribus eadem exceptio competat. Utputà, ut Paulus ait, « L. Titius creditori suo mandatorem dedit. Deindè, defuncto debitore , majore creditorum parte consentiente, a prætore decretum est ut portionem creditores ab heredibus ferant, absente eo creditore apud quem mandator exstiterat. Quæro, si mandator conveniatur, an eamdem exceptionem habeat quam heres debitoris. » Distinguendum est utrùm creditor præsens pactum fecerit, an absens passus sit.

Si præsens fuit atque consensit ne peteretur, tum et fidejussoribus et mandatoribus omnino adhibendum esse videtur pacti beneficium ; quia creditor, quum electionem haberet quâ, neglecto reo principali, agere poterat adversùs fidejussores et mandatores, tamen reum partis cujusdam debitorem accepit.

Sin autem absens fuit, iniquum visum est ei auferri electionem, qui potuit præsens eam ipsam proclamare, nec prætoris decretum desiderare.

Inde fit ut huic creditori, quum a principali reo nihil ultrà certam debiti partem petere queat, tamen a fidejussore integram petere summam liceat. Sed puta illum a debitore partem accepisse : tum videtur, conveniendo heredem, consensisse decreto, ideoque, fidejussorem vel mandatorem posteà conveniens, repelletur. Id autem, quod ad fidejussorem attinet, ex ipso jure apparet, nam nemo ignorat fidejussorem, electo reo principali, liberari.

Sin autem non reus primùm sed fidejussores fuerint a creditore conventi, et totum solverint, num his a debitore omne solutum repetere permissum erit? Quod quidem ex ipso jure apparere videtur, nam non minus reus fidejussoribus restituere debet quam quod impenderunt. Id tamen hìc animadvertendum est, quod et ipsi fidejussores cæterorum creditorum conditionem sequi necesse habent, ideoque nihil ultrà partem statutam a debitore repetere possunt. Quòd si reus in totum conveniri a fidejussoribus potuisset, nihil sanè profuisset pactum cum creditoribus conventum; quum id, quod creditores a se non petiissent, fidejussoribus posteà præstare necesse habuisset.

DROIT FRANÇAIS

DU CONCORDAT

(Cod. Comm., Art. 504 à 526.)

INTRODUCTION.

CARACTÈRES GÉNÉRAUX.

Lorsqu'un débiteur, commerçant ou non, se trouve hors d'état de faire face à tous ses engagements, ses créanciers peuvent, en considération de sa position et de leur propre intérêt, lui consentir des remises ou des termes pour se libérer; ces arrangements, appartenant à l'initiative individuelle, participent aux conditions des conventions ordinaires; leurs formes sont laissées à l'appréciation des parties et les obligations qu'ils engendrent ne lient que ceux qui y ont concouru.

Telle n'est plus la situation respective des parties, et la même liberté d'action ne leur est plus laissée, quand le débiteur commerçant, ayant cessé ses paiements, se trouve placé sous le régime de la faillite. Ses biens, ses affaires, quelquefois même sa personne, sont alors soumis au contrôle et à la surveillance de la justice. Le jugement déclaratif le dessaisit de l'administration de ses biens, au profit de la communauté des créanciers, représentée par ses mandataires légaux; les actions individuelles des créanciers sont centralisées entre les mains des syndics. Dès lors, dit la loi, aucun traité ne peut être consenti entre le failli et ses créanciers qu'après

3

l'accomplissement des formalités prescrites; ajoutons qu'il doit, pour être valable, revêtir des formes déterminées.

Les formalités préliminaires dont parle la loi ont pour but de pourvoir aux besoins les plus pressants de la faillite. Citons entre autres : l'apposition des scellés, pour empêcher la dilapidation des biens ; l'inventaire, pour constater la consistance de l'actif existant ; la vente des marchandises et meubles et les recouvrements, pour réaliser les valeurs de la faillite ; enfin et surtout la vérification des créances, pour constater les titres et fixer d'une manière sérieuse les droits respectifs de chacun des intéressés.

Alors seulement la loi laisse à l'appréciation et à la décision des créanciers les conditions qui seront définitivement faites au débiteur, et c'est elle-même qui vient leur proposer le choix entre les deux voies différentes destinées à conduire à terme les opérations de la faillite.

Il appartient désormais aux créanciers de décider s'ils remettront le failli à la tête de ses affaires, moyennant l'engagement de leur payer soit l'intégralité de leurs créances, soit, le plus souvent, un simple dividende ; ou si, au contraire, laissant subsister le dessaisissement du failli, ils se constitueront en état d'union pour poursuivre par eux-mêmes la réalisation de l'actif et sa répartition entre les intéressés d'après les droits de chacun et suivant les ressources de la faillite.

Si les créanciers choisissent le premier parti, il intervient entre eux et le failli une convention qui, telle qu'elle nous apparaît ici, précédée des mesures et entourée des formalités prescrites par la loi, constitue le *concordat* proprement dit (1). Ce traité engendre de part et d'autre des obligations réciproques : obligation pour le failli de payer le dividende promis, obligation pour les créanciers de respecter les remises qu'ils ont consenties. Mais les circonstances exceptionnelles dans lesquelles intervient le concordat en

---

(1) Une loi du 17 juillet 1856, insérée au Code de commerce par l'addition de quatre paragraphes à l'ancien article 541, a sanctionné et réglementé un acte dès longtemps admis dans la pratique sous le nom de *concordat par abandon*. Cet acte, comme son nom l'indique, a pour base l'abandon fait par le failli de tout ou partie de son actif. Assimilé dans son mode de formation au concordat ordinaire, il en diffère essentiellement dans ses effets ; il ne replace pas le failli à la tête de ses affaires, il ne lui rend pas l'administration de ses biens ; enfin l'actif abandonné est liquidé suivant les règles prescrites pour le régime de l'union. C'est donc à ce dernier régime qu'il doit être rattaché ; et à ce titre notre sujet n'en comporte pas l'examen.

font un traité d'une nature toute particulière dérogeant sur certains points aux principes du droit commun.

Si tous les créanciers pouvaient se trouver d'accord sur l'opportunité des concessions demandées et sur les conditions à imposer au débiteur, la loi n'aurait ici la plupart du temps qu'à sanctionner le traité librement consenti par tous et par chacun (¹). Mais une pareille hypothèse ne se présentera presque jamais dans la pratique. Comment en effet trouver un accord de ce genre, une seule et même volonté au milieu des intérêts divers qu'a suscités chez les créanciers la différence de leur situation, de leur fortune, de leur caractère, des relations entre eux et le failli, la quotité et les causes inégales de leurs créances? Il arrivera donc forcément qu'une partie des créanciers sera opposée au concordat ; et, à supposer même que l'unanimité se rencontrât sur le principe de l'opportunité, les appréciations et les volontés varieront sur la nature et l'importance des concessions à faire.

C'est dans ce dernier cas d'un désaccord entre les créanciers, que la loi consacre une exception formelle aux principes admis ailleurs en matière de convention. Tandis qu'en thèse générale, une convention ne peut être opposée à ceux qui n'y ont pas participé, nous voyons que le concordat peut être valable malgré l'opposition d'une partie des intéressés, et que ceux mêmes qui s'y sont opposés peuvent être tenus d'exécuter des obligations qu'ils n'ont pas acceptées et de subir des conditions auxquelles ils n'ont pas souscrit. La décision de la majorité s'imposera à la minorité opposante, et un traité qui, en tout autre cas, serait pour cette dernière *res inter alios acta*, deviendra la loi de tous, parce qu'il a été voulu par le plus grand nombre. Cette dérogation au droit commun s'explique et se justifie facilement. Tout en reconnaissant qu'il est fâcheux de voir certains intérêts lésés par des concessions qui leur sont imposées, le législateur a pensé avec raison qu'il serait plus fâcheux encore que le refus de quelques-uns pût faire renoncer à un traité dont le plus grand nombre espère des avantages.

(¹) Le traité consenti dans ces conditions, c'est-à-dire par l'unanimité des créanciers, pourrait-il se passer des formes prescrites pour le concordat ordinaire? La jurisprudence tend à admettre l'affirmative, et la pratique a consacré ces sortes de conventions sous le nom de *concordats amiables*. Ce système nous semble en contradiction avec le texte et l'esprit de la loi.

Il est à remarquer d'ailleurs que cette sorte de violation de la liberté des conventions reçoit un tempérament appréciable et une garantie efficace par l'intervention de la Justice, sans l'approbation de laquelle le concordat ne saurait avoir son exécution.

PREMIÈRE PARTIE

DES FORMES DU CONCORDAT.

(Art. 504 à 515.)

§ 1er. — *De la convocation et de l'assemblée des créanciers.*

La délibération sur l'opportunité et les conditions du concordat a lieu dans une assemblée spécialement convoquée à cet effet.

Cette assemblée doit être réunie dans les trois jours qui suivent l'expiration des délais prescrits pour l'affirmation des créances. La convocation est faite par le greffier du tribunal de commerce, sous la surveillance du juge-commissaire. Outre les lettres du greffier, une insertion dans les journaux est nécessaire, et, d'après l'article 442, l'avis est publié dans le journal de l'arrondissement du domicile du failli et de chacun des arrondissements où le failli peut avoir des établissements commerciaux. Les lettres et les avis doivent énoncer l'objet spécial de la convocation, afin d'appeler l'attention des créanciers sur l'importance toute particulière du vote qu'ils ont à émettre. Le délai est laissé à l'appréciation du juge-commissaire.

La convocation doit s'adresser à tous les créanciers dont les créances ont été vérifiées et affirmées ou admises par provision; et il n'est pas douteux que le défaut de convocation de quelques-uns ou de l'un d'eux ne puisse entraîner le refus d'homologation du concordat suivant le principe général de l'article 515.

Au jour fixé par l'avis de convocation, l'assemblée se forme sous la présidence du juge-commissaire. La présence de ce magistrat a été jugée utile pour le bon ordre des délibérations et la direction éclairée et désintéressée de la discussion.

Les mêmes créanciers que nous avons indiqués comme devant être nécessairement convoqués, sont les seuls qui puissent assister à l'assemblée. Leurs créances doivent en principe avoir passé par la double formalité de la vérification et de l'affirmation. Quant aux créances admises par provision, il ne nous paraît pas possible, en présence du texte de l'article 504, d'exiger pour elles l'affirmation, que la loi ne semble pas avoir eue en vue en ce qui les concerne. En tous cas, un créancier non vérifié ne sera jamais admis à l'assemblée, quand même sa créance ne serait contestée par personne, car l'assemblée convoquée pour le concordat n'a point à s'occuper de vérifications de créances.

Les créanciers ne sont pas tenus de se présenter en personne, il leur est loisible de se faire représenter par un fondé de pouvoirs.

Outre les créanciers, le failli lui-même doit être appelé à l'assemblée. Et même, tandis que les créanciers sont libres de se faire représenter, le failli ne peut se dispenser de comparaître en personne, à moins de faire agréer par le juge-commissaire les motifs de son absence. Cette nécessité de la présence du failli à l'assemblée du concordat, s'explique tout naturellement par le rôle important qu'il doit y jouer. Le concordat étant un traité entre les créanciers et le failli, ne saurait avoir lieu sans lui (¹), et cette observation suffit, à notre avis, pour condamner le système de ceux qui admettent la possibilité du concordat en l'absence du failli. Si toutefois le failli avait fait des propositions écrites ou signées, leur ratification pure et simple par les créanciers pourrait constituer un concordat régulier.

Les syndics doivent aussi faire partie de l'assemblée et leur rôle principal en cette occasion consiste à faire un rapport sur l'état de la faillite, sur les formalités qui ont été remplies et les opérations qui ont eu lieu. Ce rapport a l'avantage d'éclairer les créanciers sur la situation de leur débiteur et celui non moins grand de leur permettre un contrôle sérieux sur les agissements des syndics, leurs mandataires; il peut être contredit au besoin dans ses inexactitudes par le failli, que la loi ordonne d'entendre; de plus, pour engager plus efficacement la responsabilité de ses auteurs

(¹) *Sic* Renouard (t. II, p. 6).

et prévenir par là toute tentative de fraude, il est remis, signé des syndics, entre les mains du juge-commissaire.

Après la lecture du rapport, la discussion s'engage entre le failli qui propose ses arrangements et les créanciers qui les apprécient. Le vote a lieu, admettant ou rejetant le concordat, suivant les distinctions que nous aurons à établir.

Quelle que soit d'ailleurs la décision prise par l'assemblée, tout ce qui y a été dit ou résolu fait l'objet d'un procès-verbal dressé par le juge-commissaire.

§ 2. — *Du vote sur le concordat.*

Le vote sur le concordat vient après la discussion, mais il s'en faut que toutes les personnes appelées à la discussion soient admises au vote. Et d'abord, le juge-commissaire y doit rester complétement étranger ; son rôle se borne à déterminer les formes de la votation, pour laquelle la loi n'a prescrit aucun mode spécial, et qui a lieu, dans la pratique, par la voie de l'appel nominal. De même les syndics ne peuvent tenir que de leur qualité de créanciers le droit de voter au concordat. Enfin, parmi les créanciers eux-mêmes, tous n'ont pas voix délibérative.

Sont exclus du vote ceux qui ont des causes de préférence ou des garanties particulières sur le patrimoine de leur débiteur. On pourrait craindre, en effet, de la part de ces créanciers, suffisamment garantis par ailleurs, un consentement trop facile à des remises qui ne seraient supportées en définitive que par la masse des créanciers ordinaires. Ainsi, les créanciers hypothécaires, les créanciers privilégiés et les créanciers gagistes resteront en dehors de la délibération, à laquelle participeront seuls les créanciers chirographaires. Comme sanction de cette prohibition, les créanciers munis de sûretés particulières sur les biens du failli seront, par le fait même du vote au concordat, censés renoncer à ces sûretés.

Remarquons toutefois que, si un créancier de cette catégorie était en même temps créancier pour des sommes non garanties, rien ne l'empêcherait de voter pour ces sommes ; c'est ce qu'indiquent suffisamment les mots *pour les dites créances* du premier alinéa de l'article 508.

En outre il semble résulter des termes de l'article 501 que la prohibi-

tion de l'article 508 ne doit pas s'appliquer aux créanciers dont l'hypothèque ou le privilége sont contestés, puisque ceux-là sont admis aux délibérations de la faillite comme créanciers ordinaires [1].

Il peut se présenter des cas où le créancier privilégié, hypothécaire ou
nanti aurait un véritable intérêt à voter au concordat, avec un intérêt
moindre à conserver la sûreté attachée à sa créance; on peut citer pour
exemple le cas d'un créancier dont l'hypothèque est primée par d'autres,
absorbant la valeur tout entière de l'immeuble affecté. Rien n'empêche
alors le créancier de renoncer à sa garantie et d'intervenir aux délibérations comme simple chirographaire. Ce que la loi lui demande, c'est d'op-
ter entre les deux situations, et il n'a à écouter, pour ce choix, que son
intérêt et sa convenance personnelle.

Mais pourrait-il aussi renoncer pour partie à son hypothèque ou privilége, afin de prendre part à la délibération de concordat? Cette question a
divisé la doctrine; M. Bravard a soutenu l'affirmative et cette théorie a
rencontré l'approbation de plusieurs auteurs. Nous aimons mieux cependant nous ranger à l'avis de ceux qui refusent au créancier le droit de
diviser ainsi son option ; car il nous semble que le motif qui a fait défendre
aux créanciers de cette catégorie le vote au concordat, subsiste malgré
leur renonciation à une partie de leur hypothèque ou de leur privilége. Si
le créancier, après cette abdication partielle, se trouve pour une portion
de sa créance dans la même position que les créanciers chirographaires, il
n'est pas dans la même position qu'eux pour le surplus, et le même danger
n'existe-t-il pas encore, celui d'une indulgence trop grande et d'un consentement trop facile? Les travaux préparatoires du Code de 1807 nous
montrent la suppression d'un paragraphe qui aurait permis aux créanciers
hypothécaires de « délibérer avec les créanciers chirographaires pour l'ex-
» cédant de la créance sur la valeur de l'immeuble hypothéqué. » La véritable pensée du législateur ne résulte-t-elle pas de cette suppression, en
même temps que des termes généraux de l'article 508, qui ne semblent
pas comporter de distinctions [2] ?

---

[1] *Sic* Bravard (p. 363 et 364). Telle n'est pas cependant l'interprétation reçue par certains
auteurs, notamment MM. Renouard (t. II, p. 27) et Bédarride (t. II, no 487-489).
[2] Rivière (p. 689).

La renonciation complète par le créancier à ses garanties particulières est donc à notre avis la seule possible. L'opinion générale est que cette renonciation est irrévocable et qu'elle continue d'exister lors même que la délibération serait demeurée sans effet et que le concordat n'aurait pu en définitive être formé. L'interprétation rigoureuse de l'article 508 commande cette solution, qui, il faut bien le dire, n'est pas entièrement conforme à l'équité ; il est dur en effet de maintenir contre les renonçants une déchéance à laquelle ils ne s'étaient vraisemblablement soumis qu'en vue d'avantages qui leur échappent par suite du rejet du concordat.

Remarquons en dernier lieu que le vote au concordat n'emporte pas renonciation au privilége ou à l'hypothèque, si le créancier était irrégulièrement représenté ou s'il a voté étant incapable. Ainsi le vote d'une femme mariée sous le régime dotal ne pourrait nuire à l'hypothèque qui garantit la restitution de sa dot immobilière ; le vote d'un tuteur n'emporterait pas déchéance de l'hypothèque de son pupille, s'il n'a été précédé d'une autorisation donnée dans les formes nécessaires pour l'aliénation des immeubles du mineur ; on ne peut présumer une renonciation tacite, là où une renonciation même expresse serait demeurée sans effet.

Après avoir indiqué quelles personnes prennent part au vote, nous avons à examiner comment en doit être apprécié le résultat.

La loi, nous le savons, se contente, pour l'admission du concordat, de l'adhésion formulée par la majorité. Mais, tout en édictant cette mesure, dont l'application devait nécessairement léser certains intérêts, elle s'est efforcée de rendre cette lésion aussi peu grave que possible, en exigeant une majorité d'une espèce particulière ; ne pouvant pas, pour les motifs que nous avons indiqués, demander l'unanimité, elle a voulu du moins s'en rapprocher le plus possible et elle est arrivée à ce résultat en formant cette majorité par la combinaison de deux éléments distincts, le nombre des créances et leur quotité.

On comprend que la loi n'eût pu se contenter de la majorité numérique sans s'exposer à blesser les intérêts des forts créanciers, dont les droits mis au rang des plus infimes créances, auraient subi la loi du nombre ; et que réciproquement, en demandant seule la majorité en sommes, elle eût laissé les petits créanciers à la merci de quelques intéressés réunissant en leurs mains la plus grande partie du passif. Ce dernier vice était celui de l'ordonnance de 1673, qui ne se préoccupait que de la majorité des trois quarts en sommes. Le Code, et après lui la loi des faillites, ont évité ce double écueil, en décidant que les créances seraient à la fois comptées et pesées, et que le concordat ne pourrait s'établir que par le concours d'un nombre de créanciers formant la majorité et représentant en outre les trois quarts de la totalité des créances.

Quelques observations sont nécessaires sur la composition de cette double majorité.

La majorité en sommes se compose, aux termes de la loi, des trois quarts de la totalité des créances vérifiées et affirmées ou admises par provision. Toutefois ne devront pas être comptées dans cette masse les créances hypothécaires, privilégiées ou nanties; la question, longtemps controversée, a été définitivement résolue en ce sens par la loi de 1838.

En ce qui concerne la majorité numérique, une grave discussion s'est élevée sur le point de savoir si cette majorité était, comme la précédente, celle de tous les créanciers ou seulement celle des créanciers présents à la délibération. Le Code de 1807 n'exigeait que la majorité des membres présents ; la nouvelle loi a supprimé le mot « présents » ; d'où l'on s'est demandé si elle avait entendu déroger à la législation antérieure. Nous pensons que oui. Si le législateur avait entendu s'en rapporter à la décision des créanciers présents, il l'eût dit expressément comme il a pris soin de le faire ailleurs, notamment en l'article 530. Loin de là, il ne semble faire aucune distinction entre la composition de la majorité numérique et celle de la majorité en sommes. C'est, qu'en effet, tous les créanciers vérifiés, présents ou non, ont le même droit au concordat, et il n'y a pas de raison pour reconnaître dans un cas ce droit aux créanciers absents et le leur refuser dans l'autre. N'est-il pas, d'ailleurs, conforme à l'esprit de la loi d'étendre autant que possible les limites de cette majorité qui doit dicter sa volonté aux opposants (¹) ?

Dans la composition de la majorité numérique, il est de principe que chaque créancier admis à voter a une voix et n'en a qu'une, quelle que

---

(¹) *Sic* Bravard (*Traité de Droit commercial*, t. V, p. 391 et suiv.); Renouard (t. II, p. 16 et 30).; Dalloz (v° *Fail.ite*, n° 680).

soit la nature du titre constitutif de sa créance, la loi n'ayant eu ici en vue que la personne et l'individualité de chaque intéressé.

C'est une conséquence même de ce principe que le mandataire, réunissant en ses mains les procurations de plusieurs intéressés, ait autant de voix qu'il a de mandants dont il exerce les droits individuels.

Mais, si une personne se présentait au vote non plus comme mandataire mais comme cessionnaire de plusieurs autres, que devrait-on décider? Le cessionnaire pourrait-il prétendre à autant de voix qu'il a acquis de créances? Il est bien évident que la question n'aurait pas d'objet si les cessions de créances remontaient à une époque antérieure à la déclaration de la faillite, car les droits que le cessionnaire possédait à cette époque se confondent sur sa tête; mais la solution est loin d'être aussi certaine, quand l'accumulation entre les mains d'un même créancier a eu lieu postérieurement. On a pu dire, en effet, que dans ce cas le cédant a transporté à son cessionnaire tous les droits attachés à sa créance, entre autres celui de voter au concordat. Néanmoins, la majorité des auteurs et la jurisprudence de la Cour de cassation se sont rangés à l'avis opposé. Le droit de voter est individuel et ce droit ne saurait être exercé plusieurs fois par la même personne. Le créancier qui a acquis plusieurs créances sera créancier de leur somme; mais on ne peut voir en lui la représentation de plusieurs créanciers. Ainsi, cette réunion d'intérêts lui sera utile au point de vue de la majorité en sommes, en grossissant le chiffre pour lequel y figurera son opinion, mais ne lui sera d'aucun secours dans le calcul de la majorité numérique (¹).

La même question peut se présenter à la suite d'une succession ou d'un testament qui aurait fait acquérir à un créancier une nouvelle créance; la similitude des deux hypothèses autorise à leur appliquer la même solution.

Si, au lieu d'une réunion de créances, nous supposons la division entre plusieurs mains de la même créance, notre solution sera différente suivant qu'il s'agira d'une cession ou d'une acquisition à titre successoral. Donner dans le premier cas une voix à chaque nouvel intéressé, ce serait jeter l'incertitude dans une situation qui doit être fixée d'une manière défini-

(¹) Bravard (p. 387 et suiv.); Bédarride (t. II, nos 533 et suiv.); Dalloz (*Jurispr. gén.*, vo *Faillite*, no 687).

tive à partir de l'ouverture de la faillite et augmenter le nombre des créanciers au préjudice de la masse, ce serait encore et surtout faciliter les fraudes qui pourraient se produire en vue d'une majorité factice [1]. Le même danger ne se présente plus au second cas ; la fraude n'est plus à craindre, puisque c'est la loi elle-même qui opère la division de la créance en autant de parts qu'il y a d'héritiers, et rien ici ne s'oppose à notre avis à ce que chaque intéressé puisse faire valoir individuellement ses droits [2].

Le vote, au point de vue de sa manifestation, peut avoir trois résultats différents. En effet, il peut arriver, ou qu'aucune des deux majorités que nous venons d'indiquer ne soit acquise en faveur du concordat, ou qu'une seule soit exprimée, ou que toutes deux se trouvent réunies.

Au premier cas, le concordat est définitivement rejeté et les créanciers sont de plein droit en état d'union.

Au second cas, la loi n'a pas voulu que tout fût dit sur le rejet d'un traité en faveur duquel le témoignage de l'une des majorités crée une sérieuse présomption d'utilité. La décision restera en suspens et ne sera définitivement fixée que par un second vote exprimé dans une nouvelle réunion. Cette seconde délibération a lieu à huitaine ; les créanciers qui ont dans la première donné leur adhésion au concordat, restent libres de modifier leur première opinion, laquelle est, aux termes précis de la loi, réputée nulle et non avenue ; mais la décision prise par cette nouvelle assemblée sera irrévocable et la manifestation d'une seule majorité, impuissante à former le concordat, n'autoriserait pas une troisième délibération.

Enfin, le concours des deux majorités, dans le sens de l'admission du concordat, entraîne cette admission au regard de tous, même de ceux qui ont manifesté une opinion contraire.

Bien qu'en principe général les créanciers n'aient de choix qu'entre l'admission ou le rejet définitif du concordat, il existe deux cas, spécialement déterminés par la loi, où une troisième décision leur est ouverte, celle d'un sursis au concordat.

[1] Bravard (t. V, p. 289 et suiv.).
[2] Demangeat (*Not. sur Bravard*).

Et d'abord, la loi interdit expressément le concordat au cas où le failli est condamné pour banqueroute frauduleuse. Nous verrons même plus tard que le concordat une fois formé serait anéanti par une condamnation postérieurement survenue. De là suit qu'au cas où le failli est sous le coup d'une poursuite de cette nature, les créanciers ne peuvent sans imprudence consentir un traité que la suite peut détruire. Il ne leur resterait donc que le régime de l'union, souvent fort préjudiciable à leurs intérêts comme à ceux du failli, si la loi n'avait pris soin de leur permettre de prendre la solution du sursis. En conséquence, si les créanciers considèrent qu'il est de leur intérêt de ne pas s'arrêter à une décision définitive, ils pourront l'ajourner jusqu'au moment où l'issue des poursuites aura déterminé nettement la situation du failli.

Cette délibération, vu sa gravité, est assimilée à celle qui a pour objet la formation du concordat. Elle ne pourra être prise qu'avec le concours des deux majorités que nous connaissons. On a même poussé l'assimilation jusqu'à admettre la nécessité d'une double délibération, si le premier vote n'emportait que la majorité en nombre ou en sommes; cette disposition, bien que n'étant pas écrite dans la loi, semble résulter de son esprit (1).

Si l'instance engagée contre le failli se résout par un acquittement, rien n'empêche plus la formation du concordat. Les créanciers pourront être appelés à se prononcer définitivement, et on suivra pour cette délibération les formalités indiquées pour les cas ordinaires.

Le législateur de 1838 n'a pas attaché à la situation du banqueroutier simple la même prohibition qu'au cas précédent; c'est aux créanciers eux-mêmes à se décider pour l'octroi du concordat dans la libre appréciation de la conduite du failli et de leurs propres intérêts. Toutefois, bien qu'ici les mêmes nécessités ne leur soient pas imposées par le danger de voir anéantir un traité qu'ils auraient trop vite consenti, on conçoit qu'au cas où une poursuite en banqueroute simple serait entamée, ils peuvent avoir intérêt à s'éclairer par les débats de l'affaire et à s'inspirer de la décision prise par la justice. Aussi leur a-t-on laissé ici encore la faculté d'attendre, pour la délibération définitive, l'issue des poursuites commencées.

(1) Bédarride (T. II, n° 554).

Revenons au cas où le concours des deux majorités a déterminé l'admission du concordat. La loi prescrit ici spécialement et à peine de nullité
la signature séance tenante du traité consenti. Il faut bien comprendre
cette disposition et ne pas en conclure que la loi défend la prorogation à
plusieurs séances de la délibération elle-même. La loi n'a pu ni voulu
déclarer que dans toute faillite, quelles que fussent l'étendue et la com-
plication des affaires, tout serait dit, vu et entendu dans une séance
unique. Ce que la loi a voulu prohiber, c'est la signature en dehors de
l'assemblée où les premières signatures ont été apposées. Et cette prohibition est facile à justifier, quand on considère les manœuvres insidieuses
qui pourraient se produire par le colportage de maison en maison du
projet de concordat. Le même danger n'existera pas si la signature,
destinée à constater un assentiment réfléchi et indépendant, est donnée
par chacun en présence et sous les yeux de tous.

Le concordat consenti sera signé aussi par le greffier et par le juge-
commissaire et annexé par ce dernier à son procès-verbal.

§ 3. — *De l'opposition au concordat et de l'homologation.*

La loi, continuant le système de protection spéciale dont elle a entouré
la formation du concordat, y ajoute une double garantie, celle de
l'opposition ouverte aux créanciers et celle de l'homologation confiée à
la justice.

Nous avons indiqué déjà l'un des motifs qui commandent ici l'immixtion
de la justice : son intervention est nécessaire entre les deux fractions dissi-
dentes de la masse, entre la majorité consentant au concordat et la minorité opposante, afin de sauvegarder autant que possible les droits de cette
dernière. Mais telle n'est pas la seule raison qui ait déterminé le législateur
à confier au Tribunal le droit et le devoir de dire le dernier mot sur l'opportunité du concordat.

L'avis même unanime des créanciers ne saurait suffire à consommer
un acte dont l'importance n'affecte pas seulement leur propre intérêt. En
rendant à la vie commerciale un homme dont l'impunité serait un scan-
dale et dont l'improbité serait un danger, ils peuvent toucher à un intérêt

supérieur, celui de la société elle-même. Il était donc indispensable que l'ordre social et la morale publique eussent ici un représentant chargé de parler en leur nom et de faire peser sur la décision définitive tout le poids de leur autorité. De plus, il est évident que la loi, se montrant si jalouse de l'observation des règles édictées par elle en cette matière, ne pouvait confier qu'au Tribunal le soin de vérifier si toutes ont bien été remplies.

Aussi, à la fois pour assurer la stricte exécution des formalités néces- saires, pour empêcher l'oppression injuste de la majorité des créanciers et pour répondre enfin à de hautes nécessités sociales, la loi n'a pas voulu que le concordat consenti par les créanciers pût avoir son exécution sans l'approbation expresse et définitive de l'autorité judiciaire. Toutefois il ne faut pas perdre de vue le véritable caractère de cette décision demandée à la justice ; il ne s'agit ici que d'une approbation et jamais d'une immix- tion du Tribunal dans les conventions des parties ; ainsi le juge, appelé à statuer, n'aurait pas le droit de modifier les conditions du traité, il ne peut que l'homologuer dans sa teneur ou le rejeter.

I. — L'homologation du concordat devant faire l'objet d'un examen sérieux de la part du Tribunal, la loi a permis aux créanciers d'y intervenir pour déduire devant les juges les motifs qui, selon eux, s'opposent à cette homologation. Ce droit d'opposition ouvert aux créanciers a le double avantage d'éclairer la religion du Tribunal par les arguments que lui apportent les opposants et de laisser aux intéressés la faculté de faire valoir leurs motifs de refus jusqu'au moment de la décision définitive.

La loi admet à former opposition tous les créanciers qui avaient le droit de voter au concordat ou dont les droits ont été reconnus depuis. Les créanciers admis provisionnellement, ayant eu le droit de voter au concordat, ont le droit d'y former opposition, à moins que leur créance ne vienne dans l'intervalle à être rejetée définitivement, auquel cas ils cesseraient d'être créanciers et perdraient par conséquent tout droit à une participation quelconque dans les opérations du concordat.

Les créanciers restés privilégiés, hypothécaires ou nantis, c'est-à-dire qui n'ont pas participé au concordat, peuvent-ils y former opposition, et l'exercice de ce droit doit-il entraîner pour eux la renonciation tacite à leurs garanties ? Nul doute que le droit d'opposition ne doive leur être refusé, aussi bien que le droit de voter au concordat ; mais nous croyons aussi qu'ils peuvent acheter ce droit d'opposition au même prix que leur intervention dans le vote. Des circonstances postérieures, telles que la perte de leur gage, peuvent créer pour eux un intérêt sérieux à critiquer le traité auquel ils n'ont point participé. Si donc il leur est permis, à la délibération, de se constituer simples chirographaires par la renonciation expresse ou tacite à leurs sûretés, pourquoi leur refuserait-on, au moment de l'homologation, la faculté de se ranger dans la classe des créanciers chirographaires dont les droits ont été reconnus depuis, et d'exercer à ce titre les actions qui sont expressément conférées à ces derniers (¹)?

Parmi les créanciers qui ont délibéré au concordat, ceux qui y ont adhéré et dont les votes réunis en ont déterminé la formation, semblent avoir abdiqué tout droit de critique sur un acte qu'ils ne peuvent attaquer sans donner un démenti à leur propre opinion. S'ils allèguent que le traité n'est pas conforme à l'intérêt des créanciers, on pourra leur répondre qu'il est en quelque sorte leur œuvre et qu'ils en ont accepté d'avance toutes les conséquences. S'ils viennent signaler des irrégularités, on leur répondra que leur adhésion les a couvertes. Aussi certains auteurs ont-ils refusé formellement aux créanciers signataires du concordat le droit d'y former opposition, sauf dans les cas où leur opposition ne vient pas contredire d'une façon directe leur première décision, à savoir lorsque leur adhésion a été le résultat du dol ou de l'erreur, ou lorsque les causes de leur opposition sont postérieures au concordat (²). Il ne nous paraît pas que cette interprétation puisse être reçue en présence des termes trop précis de l'article 512, qui donne à *tous* les créanciers ayant eu droit de concourir au concordat le droit d'y former opposition, sans établir aucune distinction entre les signataires du traité et les opposants. N'est-il pas juste d'ailleurs de présumer que les premiers n'ont voulu donner leur consentement qu'à un acte régulier et avantageux, et qu'ils ont entendu se réserver la libre appréciation des faits, tant que le concordat consenti n'est encore qu'un projet et n'a pas reçu, par la sanction du tribunal, sa constitution définitive? De plus, ainsi que nous l'avons vu, l'un des motifs qui

(¹) Renouard (t. II, p. 41).
(²) *Sic* Bédarride (t. II, n° 564).

ont fait admettre le droit d'opposition consiste dans l'intérêt que peut avoir le tribunal à éclairer sa décision par les arguments que lui apportent les opposants ; c'est étendre cet avantage et entrer par conséquent dans l'esprit de la loi, que de permettre indistinctement à tous les intéressés la mise en lumière des irrégularités et des dangers du concordat (¹).

L'opposition est formée par un acte notifié aux syndics et au failli.

Si un syndic, se trouvant lui-même créancier, use du droit attaché par la·loi à cette qualité, son opposition sera notifiée à son collègue ou à ses collègues, s'il y a deux ou plusieurs syndics ; au cas où il serait seul, il devra provoquer la nomination d'un nouveau syndic, vis-à-vis duquel les formalités nécessaires seront remplies.

Dans l'intérêt de la célérité des opérations, la loi prescrit un délai de huitaine, passé lequel l'opposition ne sera plus recevable ; et de plus elle ordonne que l'acte contienne assignation à la première audience du Tribunal de commerce. Le délai de huitaine n'est pas susceptible d'augmentation à raison des distances ; les créanciers éloignés ont été suffisamment avertis par les convocations qui ont précédé la délibération sur le concordat, d'avoir à s'y présenter en personne ou par fondés de pouvoirs, et il n'était pas nécessaire qu'un nouveau délai leur fût imparti, pour un acte qui n'est que la suite même de cette délibération.

Ce délai est de rigueur, et l'opposition notifiée postérieurement est nécessairement nulle.

Toutefois, suivant une opinion généralement admise sous l'ancien Code et reprise même par certains interprètes de la loi nouvelle, le cas de dol devrait être excepté de cette disposition, et l'opposition appuyée sur un motif de cet ordre serait possible même après l'expiration du délai. Les partisans de ce système s'appuient sur l'article 518, qui dans des circonstances semblables permet, même après l'homologation, une demande en nullité ; ils en concluent que si la loi, en haine du dol, a pu aller jusqu'à permettre la rescision d'un traité devenu définitif par l'homologation, le même sentiment a dû à plus forte raison lui faire admettre, même après les délais, une opposition destinée à empêcher la conclusion de ce

(¹) Renouard (t. II, p. 42) ; Rivière (p. 691) ; Dalloz (vᵒ *Faillite*, nᵒ 730).

traité. De plus, disent-ils, en rejetant une opposition basée sur un fait de cette nature mais produite après l'expiration du délai prescrit, on s'exposerait à consacrer l'impunité du dol découvert après la huitaine et avant l'homologation; car ce dol, ne pouvant ainsi être atteint par l'opposition, ne tomberait pas non plus sous le coup de l'action en nullité, qui ne peut s'ouvrir qu'après l'homologation ([1]).

Une autre condition exigée pour la validité de l'opposition est l'énonciation des motifs sur lesquels elle est fondée. C'est là une sage précaution prise contre les entraînements irréfléchis, et l'on a pensé avec raison que la nécessité pour l'opposant de trouver et d'indiquer des motifs raisonnables, est le meilleur moyen d'empêcher des oppositions qui n'auraient d'autres motifs que l'animosité ou le caprice. Le caractère de ces motifs est d'ailleurs laissé à l'appréciation et à la libre disposition de l'opposant, et le tribunal ne devra rejeter en la forme que les oppositions qui ne seraient nullement motivées, ou qui le seraient d'une façon èxtravagante, ce qui équivaudrait à une absence complète de motifs.

Le jugement de l'opposition appartient au Tribunal de commerce devant lequel se sont déroulées les opérations de la faillite. C'est là une innovation de la loi de 1838 et une dérogation aux dispositions du Code de 1807, qui n'attribuait cette compétence au Tribunal de commerce que dans le cas où les moyens de l'opposant étaient fondés sur des actes ou opérations dont la connaissance est confiée par la loi aux tribunaux de cet ordre; dans les autres cas l'affaire allait tout droit aux tribunaux civils. D'après la nouvelle loi le droit de prononcer sur l'opposition appartient exclusivement à la juridiction commerciale.

Que si le jugement de l'opposition est subordonné à la solution de questions étrangères *ratione materiæ* à la compétence du Tribunal de Commerce, ce Tribunal surseoira à prononcer jusqu'après la décision de ces questions. Dans ce cas, afin de ne pas laisser indéfiniment en suspens la solution retardée, il sera fixé un bref délai dans lequel le créancier opposant devra saisir les juges compétents et justifier de ses diligences. (Art. 512.) Mais remarquons qu'il n'y a rien autre chose ici qu'un sursis à prononcer, qu'il n'y a pas dessaisissement de la part du Tribunal, et que le

[1] Renouard. (t. II, p. 46.) Demangeat *(Not. sur Bravard.)*

jugement de l'opposition lui reviendra de droit, lorsque les questions connexes, appartenant à des compétences autres que la sienne, auront été vidées par les tribunaux appelés à en connaître.

Dans un cas différent, si le failli venait à tomber sous le coup d'une poursuite en banqueroute frauduleuse, le Tribunal pourrait aussi, suivant nous, surseoir à prononcer et renvoyer le jugement de l'opposition après l'issue des poursuites.

Lorsque le Tribunal, appelé à se prononcer sur le mérite de l'opposition, admet celle-ci comme régulière en la forme, et juste au fond, l'annulation du concordat doit être prononcée à l'égard de tous les créanciers. Ainsi il suffira de la reconnaissance par la justice des griefs formulés par un seul des intéressés, pour rendre le traité nul et de nul effet vis-à-vis de tous les autres. C'est qu'en effet le concordat est de son essence indivisible ; il doit lier toutes les parties sans exception, ou ne lier personne. S'il en était autrement, le paiement intégral fait par le failli à certains intéressés épuiserait les ressources de son actif au préjudice de ceux qui lui ont consenti des remises ; c'est pour éviter ce résultat injuste que la loi a voulu qu'un concordat contre lequel une opposition aurait prévalu, fût déclaré nul d'une façon générale.

Réciproquement, si le Tribunal venait à rejeter toutes les oppositions formulées, le même jugement devrait statuer sur l'homologation du concordat. Telle est la disposition formelle de la loi, qui a eu ici pour but, en simplifiant la procédure, d'éviter des frais et des lenteurs. Rien d'ailleurs n'était plus rationnel que de lier ensemble le jugement de ces deux questions corrélatives : L'opposition est-elle fondée ? Le concordat doit-il être homologué ? La décision sur l'une commande la décision sur l'autre. Admettre l'opposition, c'est rejeter le concordat, comme homologuer le concordat, c'est repousser l'opposition. Notons toutefois une différence que nous retrouverons plus bas : Le Tribunal qui a admis l'opposition doit forcément prononcer l'annulation du concordat ; le Tribunal qui a rejeté l'opposition n'est point forcé par là même de prononcer l'homologation ; il reste juge des motifs qui suivant lui peuvent ou doivent l'empêcher.

II. — Ainsi, toutes les fois que le concordat se trouve, par le fait d'un intéressé, frappé d'opposition, le Tribunal est appelé par là même à statuer sur l'homologation. Il n'en est pas de même au cas où aucune opposition ne s'est produite; aussi la loi accorde-t-elle en tous cas la poursuite à la partie la plus diligente. La demande en homologation a lieu dans la pratique par une requête adressée au Tribunal, soit par le failli, soit par les syndics, soit par l'un quelconque des créanciers. On s'est demandé si, à défaut de ces poursuites, le Tribunal pourrait statuer d'office sur le rapport du juge-commissaire. Nous ne le croyons pas; car, pour attribuer au Tribunal une initiative de cette nature, une disposition formelle nous semble nécessaire, et cette disposition n'est écrite nulle part.

La demande en homologation n'est pas comme l'opposition, enfermée dans un délai déterminé. Elle peut se produire à toute époque, mais le jugement ne pourra être rendu avant l'expiration du délai de huitaine réservé aux oppositions; le Tribunal a besoin de connaître les oppositions avant de passer outre à l'homologation.

Une autre précaution prise par la loi pour éclairer autant que possible la religion du Tribunal, consiste dans l'obligation imposée au juge-commissaire de lui faire un rapport sur les caractères de la faillite et sur l'admissibilité du concordat. Ce rapport sera surtout utile lorsqu'aucune opposition ne sera venue mettre en lumière les fraudes qui ont pu se produire, ainsi que les dangers que peut présenter l'exécution du concordat.

Le Tribunal, appelé à donner une décision définitive, doit faire porter son examen sur deux ordres différents de question. Il doit s'assurer, d'une part, si les règles prescrites par la loi pour la formation du concordat ont été remplies; d'autre part, si le traité est conforme à l'intérêt public et à l'intérêt des créanciers. La liberté d'appréciation laissée au juge n'est pas la même des deux côtés. Tandis que la constatation d'une irrégularité de procédure ou d'une violation de la loi doit entraîner de sa part, comme conséquence nécessaire, le refus d'homologation, les raisons d'équité lui sont au contraire abandonnées, pour en tenir tel compte qu'il lui convient.

Une difficulté s'est élevée sur la portée véritable de l'article 515 : on s'est demandé si les règles à l'inobservation desquelles la loi attache une si sévère conséquence, sont seulement celles contenues au paragraphe sur la formation du concordat, ou si l'on doit y ajouter les formalités prescrites depuis le commencement de la procédure de la faillite et dont l'article 507 exige l'accomplissement avant toute délibération sur le concordat. Nous pensons avec M. Renouard que, parmi ces dernières, la loi n'a visé que celles véritablement essentielles et de nature à rejaillir sur la formation du traité.

On conçoit, d'ailleurs, que, même au cas où le traité serait irréprochable au point de vue de la forme, la loi n'ait pas voulu forcer la décision du Tribunal dans le sens de l'homologation. L'ordre public et la morale peuvent être blessés par une convention, même consentie suivant les formes de la loi; la double majorité sur laquelle elle s'appuie peut n'être que le signe mensonger du véritable intérêt de la masse des créanciers. Les juges ne pouvaient être contraints de donner la sanction de leur autorité à un acte que leur conscience n'aurait pas entièrement approuvé.

Si le Tribunal refuse l'homologation, son jugement est-il définitif, ou, au contraire ne fait-il tomber que le traité qui lui a été présenté, sans enlever aux créanciers la faculté d'en former un autre plus régulier ou plus conforme au vœu de la loi?

L'opinion la plus générale est que le jugement sur le concordat, quelle que soit sa solution, doit fixer d'une manière définitive la situation respective des créanciers et du débiteur; qu'en conséquence celui qui rejette le concordat place de plein droit les créanciers en état d'union. Mais tel n'est pas l'avis de plusieurs auteurs, qui font varier leur décision suivant la nature des motifs qui ont entraîné le refus d'homologation. D'après eux, si le refus basé sur le fonds de la demande est définitif, il n'en est pas de même lorsqu'une simple question de forme est engagée; une simple irrégularité ne doit pas faire rejeter en principe une convention peut-être avantageuse. Dans cette opinion, un concordat nul en la forme et rejeté comme tel, pourrait être rectifié en ce qu'il a d'irrégulier et présenté ainsi de nouveau à l'homologation.

Le jugement, quel qu'il soit, rendu par le Tribunal sur les oppositions et sur l'homologation est susceptible de recours. Cela résulte implicitement des termes de l'article 583 qui, donnant l'énumération des jugements rendus en matière de faillite contre lesquels aucun recours n'est admis, n'y comprend pas le jugement dont nous nous occupons.

A qui ce recours sera-t-il ouvert? D'abord, et sans aucun doute, à ceux qui auront figuré nommément dans l'instance et dont les conclusions n'auront pas été adjugées. Mais, en dehors de ces derniers, d'autres ne pourront ils pas attaquer le jugement ?

Certains auteurs admettent le principe suivant lequel les syndics, intervenant à l'instance, y représenteraient tous les créanciers qui ne sont pas venus prendre individuellement leurs conclusions; mais, d'après les mêmes auteurs, si l'intervention des syndics n'est pas venue mettre implicitement en cause les créanciers qui n'y ont pas figuré nommément, ceux-ci sont regardés comme défaillants et n'ont par conséquent d'autre moyen pour attaquer le jugement, que l'opposition ([1]). D'autres, considèrent les créanciers comme des tiers restés en dehors de l'instance et leur ouvrent la voie de la tierce-opposition contre le jugement qui préjudicie à leurs droits ([2]). Enfin, une troisième opinion, à laquelle nous croyons devoir nous ranger, leur permet l'appel, sauf toutefois quelques distinctions.

Il y a lieu, en effet, d'examiner séparément les deux décisions opposées que peut contenir le jugement : rejet ou homologation.

Si le Tribunal a rejeté le concordat, il est évident que les créanciers opposants ne pourront interjeter appel, car ils ne sauraient appeler d'une décision conforme à leurs conclusions. Mais le failli et les créanciers non opposants n'ont-ils pas été représentés dans l'instance par celui qui a pris en main la demande d'homologation, alors que ce droit appartenait à tous indistinctement; le silence de ceux qui n'y ont pas pris part ne peut-il pas être considéré comme une adhésion tacite à la demande formulée? Et dès lors, n'est-il pas juste de leur laisser le droit d'interjeter appel contre une décision contraire à leurs conclusions tacites et à leur intérêt présumé ([3]) ?

Si nous supposons, au contraire, que le Tribunal ait homologué le concordat, les créanciers opposants seront les seuls à qui nous accorderons le droit d'interjeter appel. Nous ne l'accorderons pas au failli, car ce serait lui permettre d'attaquer un traité qui est son œuvre. Quant aux créan-

([1]) *Sic* Renouard (t. II, p. 63 et suiv.).
([2]) *Sic* Dalloz (v° *Faillite*, n° 778.)
([3]) Demangeat *(Not. sur Bravard.)*

ciers non opposants, un motif d'un autre ordre leur enlève le droit
d'appel : la loi a enfermé dans un délai étroit et dans des formes spéciales
la faculté d'opposition au concordat ; or, ne serait-ce pas étendre ce délai
et donner aux créanciers un moyen évasif pour échapper aux prescrip-.
tions de la loi, que de leur permettre un appel qui, en fait, équivaudrait
à une opposition (¹)?

DEUXIÈME PARTIE.

DES EFFETS DU CONCORDAT.

(Art. 516 à 519.)

Par l'effet du jugement d'homologation, le concordat acquiert la seule
condition qui lui manquait pour devenir une loi privée, créant des obligations réciproques dans la personne du failli et dans celle des créanciers.
Ces obligations s'imposent, aux termes mêmes de la loi, à la généralité
des créanciers, et la loi de 1838 a fait cesser à cet égard les doutes qui
s'étaient perpétués sous la législation de 1807. Peu importe aujourd'hui
que le créancier ait été porté ou non porté au bilan, vérifié ou non vérifié,
domicilié hors du territoire continental de la France, admis par provision
à délibérer, quelle que soit la somme que le jugement définitif lui attri-
buerait ultérieurement (Art. 516). Tous, sans exception, seront soumis
aux conséquences d'un acte auquel ils n'ont peut-être pas tous coopéré,
mais qui, une fois fait et approuvé, devait demeurer irrévocable, sous
peine de s'exposer à des retards préjudiciables et à de désastreuses incer-
titudes.

Ainsi, toutes les créances chirographaires, quelle que soit leur moda-
lité, subiront le sort commun ; seules, les créances privilégiées, hypothécaires ou nanties demeureront étrangères aux effets du concordat, comme
elles l'ont été à sa formation ; elles continueront à s'exercer exclusivement et totalement sur les biens affectés à leur sûreté, et ne viendront par-

(¹) Bravard (p. 418).

ticiper aux conditions de la masse chirographaire qu'après le complet épuisement et l'insuffisance démontrée de leur garantie.

Quelles que soient les conventions et conditions particulières dont les parties ont composé le concordat, elles réaliseront toujours deux effets généraux : retour au failli de l'administration de ses biens et de sa capacité contractuelle, réduction de ses dettes; ce double résultat est en effet de l'essence même du concordat.

Ainsi, en premier lieu, nous voyons cesser, dans la personne du failli, le dessaisissement opéré par le jugement déclaratif de la faillite. Le débiteur est replacé à la tête de ses affaires; les gains que son industrie pourra lui procurer, les revenus qu'il retirera de ses biens, les biens qui lui adviendront par la suite, seront son exclusive propriété; ce sera à lui de les employer selon son gré à l'accomplissement des engagements qu'il a contractés dans le concordat. Par une juste conséquence, l'exercice de ses actions actives et passives lui est restitué ; les poursuites commencées par les syndics sont continuées par lui et celles dirigées contre les syndics se continuent contre lui.

Sous la législation antérieure, le failli trouvait dans le concordat un avantage particulier, celui d'être affranchi de la contrainte par corps; ce résultat est devenu inutile depuis la loi du 22 juillet 1867.

Dans le projet de loi de 1835, on avait proposé d'interdire contre le failli concordataire la poursuite en banqueroute simple; mais cette proposition n'a pas été adoptée.

Le failli se trouve, par le fait du concordat, replacé en face de chacun de ses créanciers, et chacun d'eux, dans la mesure des droits qui résultent pour lui du concordat, viendra l'attaquer individuellement. Mais le débiteur est-il obligé de subir, comme définitive et irrévocable, la reconnaissance des créances faite lors de la vérification, ou, au contraire, la contestation lui est-elle permise, quand cette reconnaissance ne lui paraît pas fondée? La question ne se pose à notre avis d'une façon sérieuse et discutable, qu'au cas où le failli était absent lors de la vérification, ou lorsque, étant présent, il n'a pas protesté; car, s'il a assisté à la vérification et s'il n'a pas fait entendre de protestation, son silence doit être interprété comme un aveu. Quoique le même motif n'existe pas au premier cas, nous croyons cependant qu'ici encore on doit refuser au failli le droit de contester une créance vérifiée. Le concordat accepté par le failli est une transaction faite par lui avec tous ceux qui ont été parties à cet acte, c'est-à-dire avec tous les créanciers alors vérifiés, vis-à-vis desquels il s'est engagé à remplir les obligations qui y sont contenues. Ne serait-ce pas d'ailleurs attaquer le concordat dans sa base même, que de s'exposer à détruire la majorité sur laquelle il s'appuie, par la disparition de quelques-unes des créances qui entrent dans la composition de cette majorité?

Il nous reste à voir quels sont les effets du concordat en ce qui concerne la remise faite au failli d'une portion de sa dette.

Pour cette dernière portion, le failli est complétement libéré. Aucune demande ne pourra être intentée, aucune voie d'exécution ne pourra être exercée contre lui pour le recouvrement de cette fraction définitivement abandonnée par les créanciers. Mais, si sa dette est éteinte au point de vue civil, elle n'en subsiste pas moins et comme obligation morale et comme obligation naturelle. A ce double titre, il relève encore de sa conscience, qui exige de lui le remboursement intégral de ses dettes au moyen des nouveaux biens qui peuvent lui advenir; il relève aussi de la loi, qui lui laisse la qualification de failli et n'effacera cette flétrissure avec les incapacités qui s'y attachent, qu'au jour où le paiement intégral de ce qu'il doit en principal et intérêts lui aura fait obtenir sa réhabilitation.

La remise consentie par les créanciers doit-elle être regardée comme une libéralité? Nous ne le pensons pas, et il nous semble, au contraire, que le créancier a reçu, en échange des droits qu'il abandonnait, un certain équivalent, l'espoir de recevoir en partie ce qu'il eût pu perdre en totalité. Personne ne croira que le créancier, au lendemain d'une catastrophe qui a menacé une partie plus ou moins grande de sa fortune, ait pu se laisser guider dans les concessions qu'il a faites et dans l'abandon partiel de ses droits, par un pur sentiment de générosité. De tels désintéressements sont trop rares, ou, pour mieux dire, seraient ici trop peu en situation, pour qu'on puisse en admettre le principe, et mieux vaut penser que les contractants n'ont subi d'autre pression que celle des circonstances, ni d'autre influence que le conseil de leurs propres intérêts. Le danger

qui peut résulter pour eux du régime de l'union, dans ses longues formalités et dans les frais qu'il entraîne, suffisait à les pousser dans la voie des concessions, et les avantages qu'y peut rencontrer le failli ne sont à vrai dire que les effets d'une heureuse coïncidence. La remise consentie au failli est donc une remise forcée, une clause d'un contrat à titre onéreux, et l'on a rendu cette idée par une expression aussi juste qu'ingénieuse, en disant que les créanciers, en ce qui concerne la portion remise, reçoivent leur paiement en *monnaie de faillite*. « Cette monnaie, dit M. Renouard, de
» mauvais aloi en morale individuelle, est frappée par la loi commerciale,
» sous l'empire de la nécessité, morale aussi, d'être équitable entre tous,
» à un titre qui lui donne le même cours que si elle était monnaie véri-
» table. »

C'est à cet ordre d'idées que l'on doit rattacher la disposition de l'article 545, aux termes duquel, nonobstant le concordat, les créanciers conservent leur action pour la totalité de leurs créances contre les coobligés du failli.

Cette disposition pourrait être prise au premier abord pour une dérogation aux principes proclamés par la loi civile sur les conséquences de la remise de la dette. N'avons-nous pas vu, en effet, l'article 1285 du Code civil déclarer que « la remise ou décharge conventionnelle au profit de
» l'un des codébiteurs solidaires libère tous les autres, à moins que le
» créancier n'ait expressément réservé ses droits contre ces derniers » ; et l'article 1287 ne dit-il pas en termes formels que « la remise accordée au
» débiteur principal libère les cautions » ? Mais cette dérogation n'est qu'apparente, et il suffit, pour s'en convaincre, de se reporter aux observations que nous avons émises sur le véritable caractère et sur les conséquences logiques de la remise consentie au concordat. La libération des coobligés ou des cautions par la libération du débiteur principal n'est que la suite de l'extinction et de la disparition totale de la dette à laquelle ils avaient accédé. Mais nous savons que le failli, au contraire, reste tenu naturellement de la portion de dette dont il a été affranchi en tant que civilement obligé ; et cette obligation naturelle, survivant à la disparition de la première, peut servir de base à la solidarité, comme aussi de fondement à un cautionnement régulier. D'ailleurs la remise faite au débiteur, en considération de sa situation exceptionnelle et de l'impossibilité où il se

trouve de faire face à la totalité de ses engagements, est toute personnelle, et, à ce titre, ne peut être invoquée que par lui ; comment accorderait-on à d'autres le droit de s'en prévaloir, surtout lorsqu'il s'agit de coobligés ou de cautions, de qui le créancier attendait précisément une garantie en cas de non paiement ?

Quand la caution, sur la poursuite du créancier, lui aura payé l'excédant de sa créance sur la portion laissée à la charge du failli, pourra-t-elle se retourner contre ce dernier et lui demander la restitution de ce qu'elle a déboursé ? Non, car on ne saurait lui accorder ce recours sans frapper d'inefficacité les remises consenties au failli, puisque celui-ci serait obligé de donner à la caution ce qu'il a été dispensé de donner au créancier. De plus la caution ne peut réclamer au débiteur que ce qu'elle a payé à sa décharge, et on ne peut pas dire qu'elle l'a déchargé d'une dette au paiement de laquelle il ne pouvait être légalement contraint.

Les observations que nous avons exposées plus haut peuvent aussi servir à nous guider vers la solution d'une grave question que nous rencontrons ici : on suppose que le failli devienne héritier de l'un de ses créanciers ayant coopéré au concordat, et l'on se demande si les remises qu'il a reçues doivent être par lui rapportées à la succession du *de cujus*.

Les opinions diverses émises à ce sujet par les auteurs peuvent être ramenées à quatre systèmes différents.

Suivant un premier système, ces sommes devraient être rapportées comme des libéralités faites par le créancier à un de ses successibles. Nous savons que cette théorie est en désaccord avec le caractère généralement reconnu de réductions consenties au concordat, lesquelles ne peuvent être en aucune façon assimilées à des libéralités. Aussi ce système, soutenu par quelques-uns des premiers interprètes du Code, est-il aujourd'hui à peu près universellement abandonné.

Une seconde opinion, suivie dans l'ancien droit par Pothier, Lebrun, Pradeau, et adoptée par plusieurs jurisconsultes de notre époque, exige aussi le rapport, mais pour une cause différente. Les sommes que le débiteur a été dispensé de payer à son créancier sont considérées ici non plus comme l'objet d'une libéralité reçue, mais bien comme l'objet d'une dette subsistante, et à ce titre le failli doit les remettre dans la masse successorale. Mais nous avons vu que le failli a, par le fait de l'exécution du concordat, acquitté sa dette en monnaie de faillite; que cette dette, tout au moins comme obligation civile, est complétement éteinte ; la mort du créancier ne peut pas la faire revivre.

Un troisième système, adopté par la Cour de Cassation, s'appuie sur une distinction tirée de la cause même de l'obligation qui liait le failli héritier au créancier décédé. La cause de l'obligation a-t-elle été gratuite de la part du créancier, on exige le rapport; on ne l'admet pas dans l'hypothèse contraire.

Malgré l'imposante autorité sur laquelle s'appuie ce dernier système, nous aimons mieux dire, avec MM. Bravard (p. 440 et suiv.), Demangeat (*Not. sur Bravard*) et plusieurs autres auteurs, qu'en aucun cas le rapport ne doit avoir lieu. Il n'est pas possible de considérer les réductions du concordat comme des libéralités; il n'est pas exact de regarder comme subsistante la dette dont la remise y a été consentie. Nous n'avons donc aucune base sur laquelle puisse être assise la nécessité du rapport, et, par suite, il nous semble que la solution la plus juridique est de l'écarter.

Au moment où le concordat vient rendre au failli, avec la direction de ses affaires, le droit de s'engager vis-à-vis des tiers, il était utile que ses créanciers actuels possédassent une solide et efficace garantie contre les obligations postérieures du failli, pour l'exercice indépendant des droits qui leur sont acquis. C'est à quoi la loi a pourvu en édictant l'article 517, aux termes duquel « l'homologation du concordat a pour effet de conserver » à chacun des créanciers, sur les immeubles du failli, l'hypothèque inscrite en vertu du troisième paragraphe de l'article 490.

» A cet effet, les syndics doivent faire inscrire aux hypothèques le » jugement d'homologation. »

L'article 490 porte en effet que les syndics sont tenus de prendre inscription au nom de la masse des créanciers sur les immeubles du failli dont ils connaissent l'existence. Le rapprochement de ces deux articles a donné lieu dans la doctrine et dans la jurisprudence à certaines difficultés dont le point de départ est dans l'interprétation différente que l'on a faite des termes de l'article 490.

Suivant certains auteurs, l'inscription ordonnée par ce dernier article n'a rien de commun avec l'hypothèque; car la loi n'a pu songer à conférer à la masse des créanciers une hypothèque dont rien selon eux ne justifierait l'utilité. Le dessaisissement opéré par le jugement déclaratif de la faillite a enlevé au débiteur la possibilité de nuire à ses créanciers actuels par des engagements postérieurs ; les actes qu'il pourrait consentir sont frappés de nullité, et ceux qui posséderaient contre le failli des titres émanés de ces actes, ne posséderaient véritablement rien et ne pourraient rien prétendre ; par suite, la.masse des créanciers qui ont acquis leurs titres antérieurement à la faillite, ne pouvant en aucun cas se trouver en conflit avec d'autres intéressés, ne peut avoir besoin d'aucun droit de préférence. Ce n'est donc pas dans l'intérêt de ces créanciers, mais bien dans l'intérêt des tiers, qu'a été édictée la disposition de l'article 490, et c'est précisément pour porter à la connaissance de ces derniers le nouvel état du débiteur, pour les avertir qu'en traitant désormais avec lui ils traiteront avec un failli, en s'exposant à toutes les conséquences de son incapacité. Ainsi, d'après ces auteurs, l'inscription de l'article 490 n'est qu'une simple mesure de publicité ; la seule hypothèque est celle de l'article 517. Et ce qui le prouve, ajoutent-ils, c'est précisément l'inscription du jugement ordonnée par la loi ; si l'hypothèque existait déjà de par la première inscription, une seconde inscription serait inutile ([1]).

Il ne nous semble pas possible d'admettre ce système en présence des termes de l'article 517. Qu'on lise en effet cet article : « L'homologation » *conservera* à chacun des créanciers sur les immeubles du failli *l'hypo-* » *thèque* inscrite... », et que l'on se demande si le législateur pouvait exprimer sa pensée d'une manière plus claire et plus catégorique ! Or les partisans du premier système sont obligés de lire *publicité* quand la loi dit *hypothèque ;* ils prétendent que l'homologation *engendre* une hypothèque quand la loi dit qu'elle la *conserve.* Cette considération suffirait à faire rejeter une opinion basée sur de semblables interprétations, s'il n'était d'ailleurs facile de réfuter les arguments sur lesquels elle s'appuie.

Il n'est pas exact de dire qu'une hypothèque conférée à la masse des créanciers, dès le commencement de la faillite et avant le concordat, soit dénuée de toute utilité. Et d'abord, si la faillite, au lieu de se conclure par un concordat, se continuait sous le régime de l'union, où les créanciers trouveraient-ils, ailleurs que dans l'inscription de l'article 490, une garan-

([1]) *Sic* Bravard (p. 444 et suiv.); Bédarride (t. II, nᵒˢ 599 et suiv.).

tie de leurs droits ? Ce ne serait assurément pas dans celle de l'article 517, tout à fait spéciale au cas de concordat. Et puis, si l'incapacité du failli l'empêche de créer sur ses biens des hypothèques conventionnelles, elle ne fait point obstacle à ce que ces biens subissent les hypothèques légales ou judiciaires qui viendront les grever ; et certes ces hypothèques pourront constituer de graves atteintes aux droits des créanciers qui ne seraient garantis par aucune cause légitime de préférence. Quant à l'inscription du jugement d'homologation, venant s'ajouter à celle du jugement déclaratif, nous ne tarderons pas à voir que, sans être la cause efficiente de l'hypothèque, elle a cependant son utilité et son importance.

Mieux vaut donc se tenir dans les termes de la loi, et, avec la jurisprudence et la majorité des auteurs, expliquer de la manière suivante la véritable pensée du législateur.

En vertu du jugement déclaratif de faillite, les syndics ont pris inscription sur les biens du failli, et cette inscription a servi à constater une véritable hypothèque, dont l'utilité, bien que contestée, nous semble cependant suffisamment établie. Mais cette hypothèque appartient à la masse, au nom et au profit de laquelle elle a été inscrite ; or, le jugement d'homologation faisant disparaître la masse, l'hypothèque qui garantissait les droits de cet être collectif doit tomber avec lui. Il fallait donc une nouvelle disposition de la loi, il fallait aussi une nouvelle inscription pour faire revivre et pour conserver cette garantie au profit des droits individuels qui se substituent à l'agglomération de droits créée par la faillite et dissoute par le concordat. La seconde inscription a pour effet d'individualiser la première, de convertir l'hypothèque collective en autant d'hypothèques particulières qu'il y a de créanciers, et c'est en quoi nous avions raison de dire qu'elle a son importance et sa nécessité ([1]).

La loi disant que l'hypothèque est *conservée*, il en faut conclure que les hypothèques de l'article 517 ne sont autre chose que la continuation de l'hypothèque de l'article 490, et qu'à ce titre elles auront toutes une date unique, celle de l'inscription du jugement déclaratif.

Mais une conséquence de la division des hypothèques, c'est que dorénavant chacune s'exercera indépendamment des autres et suivra le sort de

([1]) Renouard (t. II, p. 81); Rivière (p. 695); Demangeat (*Not. sur Bravard*).

la créance à laquelle elle est attachée. L'inscription devra être renouvelée par chaque intéressé individuellement et en ce qui le concerne.

On s'est demandé quel est le caractère de l'hypothèque dont nous venons de nous occuper, si elle doit être rangée dans la classe des hypothèques judiciaires ou dans celle des hypothèques légales. Bien que notre hypothèque naisse à la suite d'un jugement, nous ne croyons pas que le jugement puisse en être considéré comme la cause génératrice; le fondement de l'hypothèque judiciaire est une condamnation pour l'exécution de laquelle le créancier est autorisé à prendre ses sûretés, or rien de pareil ne se rencontre ni dans le jugement déclaratif ni dans le jugement homologatif. Nous aimons donc mieux voir ici une hypothèque légale, c'est-à-dire le bénéfice d'une disposition spéciale de la loi, suffisamment justifiée par les relations exceptionnelles que la faillite a créées entre le débiteur et ses créanciers.

Les syndics, nous l'avons dit, sont chargés de prendre l'inscription requise par l'article 517. Cette inscription se fait par le moyen d'un bordereau énonçant les noms des créanciers et le montant des créances. Il doit être fait mention des créanciers non domiciliés en France qui sont encore dans les délais pour produire leurs titres, mais on admet généralement que ceux qui ont laissé passer, sans se faire connaître, les délais qui leur étaient impartis, ne sauraient bénéficier de l'inscription.

Ajoutons que, si cette hypothèque est accordée par la loi aux créanciers, elle ne leur est point imposée, et que rien ne les empêche d'y renoncer dans le concordat, si leur intérêt ou tout autre motif leur conseille de le faire. C'est ce que l'article 517 autorise formellement par cette expression : « A moins qu'il n'en ait été décidé autrement par le concordat. » Cette renonciation, qui doit être formelle, puisque l'hypothèque découle de la loi indépendamment de toute convention, fera partie intégrante du concordat, et à ce titre elle sera opposable à tous, même à ceux qui n'y auraient pas donné leur adhésion.

Nous avons dit que le concordat mettait fin aux opérations de la faillite. Mais quel est le moment précis où l'on doit placer le terme et la conclusion définitive de ces opérations? Le Code de 1807 s'attachait à la signification du jugement d'homologation. La loi de 1838 a reculé cette limite jusqu'à l'instant où ce jugement est devenu inattaquable, et ce n'est qu'après qu'il sera passé en force de chose jugée, que les fonctions des syndics cesseront.

Les syndics, déchargés de leur responsabilité d'administrateurs, restent comptables à l'égard du failli, à qui ils doivent rendre leur compte définitif; ce compte est débattu et arrêté en présence du juge-commissaire. Ils lui remettent en même temps l'universalité de ses biens, livres, papiers et effets; le failli en donne décharge. S'il y a contestation sur le compte des syndics, c'est le Tribunal qui est appelé à prononcer.

Enfin, le dernier acte du juge-commissaire consiste dans un procès-verbal qu'il doit dresser des opérations relatives à la reddition des comptes, et après lequel ses fonctions cessent comme celles des syndics.

Le failli se trouve ainsi affranchi de la rigoureuse situation que la justice a fait temporairement peser sur lui, et placé à l'abri des suites funestes que pouvait entraîner pour lui la continuation du régime de la faillite. En général, ces avantages du concordat ne pourront plus lui être enlevés, à moins que de nouvelles fautes ou de nouveaux malheurs ne viennent lui en faire perdre le bénéfice.

TROISIÈME PARTIE.

DE L'ANNULATION ET DE LA RÉSOLUTION DU CONCORDAT.

(Art. 520 à 526.)

Le concordat peut prendre fin de deux manières : ou par l'annulation ou par la résolution. Ces deux modes de destruction du concordat diffèrent, ainsi que nous le verrons par la suite, et dans leur cause et dans leurs effets.

L'annulation a son point de départ dans la reconnaissance d'un défaut antérieur ou concomitant à la formation du traité, et dont la gravité a été jugée assez appréciable pour faire tomber, même après l'homologation, la convention qui s'en trouve infectée.

La résolution est l'œuvre de la justice qui, reconnaissant l'incapacité ou la mauvaise volonté du failli à tenir ses engagements, rompt le lien contractuel qui existait entre lui et ses créanciers, et enlève au failli le bénéfice d'une situation qu'il n'a pas su garder.

Ainsi le concordat est *annulé* par suite d'un vice originel; il est *résolu* par suite d'inexécution de la part du failli des clauses qu'il renferme,

§ 1. — *De l'annulation.*

Le concordat emprunte aux formalités qui entourent sa formation de si sérieuses garanties, qu'il ne semble pas possible au premier abord de l'attaquer pour des vices ayant pu précéder ou accompagner cette formation; la faculté laissée à tout intéressé d'y former opposition, l'intervention et la sanction souveraine de la justice semblent devoir le mettre à l'abri de toute atteinte. Tel avait été sans doute le sentiment des rédacteurs du Code de 1807, lequel ne s'était nullement préoccupé de la possibilité d'une annulation et ne contenait aucune disposition qui pût y avoir trait. Néanmoins, sous l'empire de cette législation, la jurisprudence, s'appuyant sur l'article 521 du Code, qui frappait de nullité tout traité intervenu lorsqu'il existait quelque présomption de banqueroute, avait jugé que le dol du failli devait entraîner la nullité du concordat. D'un autre côté, il était universellement admis qu'une condamnation pour banqueroute annulait de plein droit le concordat déjà homologué.

Le projet de 1835, qui précéda la loi de 1838, contenait un article énonçant formellement l'impossibilité, après l'homologation du concordat, de toute action en nullité pour quelque cause que ce fût. Les auteurs du projet justifiaient cette disposition par la nécessité d'éviter des recours indirects qui viendraient remettre tout en question, alors que tout paraît définitivement consommé. Mais on fit observer que, si de graves motifs commandaient, en thèse générale, le maintien du concordat homologué, malgré les vices qui ont pu accompagner sa formation, il était cependant des vices dont la nature et l'importance justifiaient suffisamment une dérogation à ce principe. « Comment ériger en principe qu'un failli pourra » tromper ses créanciers sur la consistance de son actif ou sur l'impor- » tance de son passif, et, à la faveur de ce dol, leur surprendre des » sacrifices contre lesquels ils ne pourront réclamer.... Le concordat est » dans l'intérêt de la masse quand il est exempt de dol et lorsque les faits

» sur lesquels il repose sont sincères ; mais s'ils sont mensongers, si l'actif
» réel du failli est supérieur à celui qu'il a déclaré, si le passif est
» exagéré, la délibération de la majorité ne stipule pas l'intérêt général,
» elle le compromet ; le dol dont elle est infectée commande son annula-
» tion dans l'intérêt même de ceux qui l'ont votée. » (Rapport de la
seconde commission de la Chambre des Pairs.)

C'est de cette discussion même et du conflit des deux opinions opposées
qu'est sorti, comme une sorte de transaction, le texte de notre acticle 518,
édictant la possibilité d'attaquer le concordat même après son homologation, mais portant avec lui la limitation de cette faculté à des cas déterminés : « Aucune action en nullité du concordat ne sera recevable après
» l'homologation que pour cause de dol découvert depuis l'homologation
» et résultant soit de la dissimulation de l'actif, soit de l'exagération du
» passif. » Ainsi, pour que l'action en nullité soit ouverte, il est nécessaire : 1° Que le fait qui y donne lieu ait été découvert après le jugement
d'homologation ; découvert antérieurement à ce jugement, soit au cours
de la délibération, soit dans la période qui sépare la formation de l'homologation, le dol pourrait motiver seulement dans le premier cas un refus
d'acceptation, dans le second une opposition ; — 2° Que le dol consiste
soit dans la diminution de l'actif, soit dans l'exagération du passif.

Les deux motifs qui font admettre l'action en nullité sont, comme on le
voit, les mêmes qui caractérisent la banqueroute frauduleuse ; mais ce
n'est pas à dire que, pour entraîner l'annulation du concordat, la banqueroute frauduleuse doive être reconnue et prononcée. Le ministère public
a en mains l'action publique pour la poursuite du crime de banqueroute
frauduleuse ; il se peut donc que, si des faits de nature à y donner lieu se
sont révélés, le failli soit poursuivi et condamné au criminel. Les créanciers pourront même provoquer ces poursuites par la voie de la plainte :
et en tous cas, du jour où le failli aura subi une condamnation de cette
sorte, le concordat sera de plein droit annulé, la loi ne voulant pas que le
failli, dont la mauvaise foi et le dol ont été judiciairement reconnus,
puisse jouir du bénéfice des concessions contenues au concordat. Mais on
comprend combien cette voie indirecte d'annulation, si elle était seule
laissée aux créanciers, serait en bien des cas inefficace. Que le ministère
public refuse de poursuivre, que le failli soit acquitté, et le concordat

7

subsistera au détriment des créanciers. Aussi la loi, ne faisant d'ailleurs autre chose qu'une application des principes généraux, a-t-elle laissé l'action civile s'exercer indépendamment de l'action publique ; elle permet donc en tous cas aux intéressés d'attaquer directement la convention infectée des vices caractéristiques de la banqueroute frauduleuse, et d'en faire prononcer la nullité par le Tribunal, si la pertinence des faits est reconnue.

L'action autorisée par l'article 518 appartient à tous les créanciers, sans qu'il y ait à distinguer entre ceux qui ont adhéré au concordat et ceux qui s'y sont opposés ou qui n'y ont pas concouru ; elle appartient aux créanciers dont la créance n'aurait été reconnue qu'après la clôture du procès-verbal de vérification et d'affirmation, ou même postérieurement à l'homologation du concordat; le contrat vicié dans son principe doit rester en butte aux attaques de toutes les parties qui sont soumises à sa loi.

Quant à la durée de cette action, comme la loi n'indique pas à cet égard de prescription spéciale, on doit, par application de l'article 1304 du Code civil, la fixer à dix années, à partir de la découverte de la fraude.

La loi, qui annule elle-même le concordat lorsque le crime de banqueroute frauduleuse est judiciairement déclaré, s'est aussi préoccupée du cas où, la condamnation n'étant pas encore prononcée, le failli se trouve néanmoins sous le coup de poursuites qui peuvent l'amener. Ici la présomption d'innocence existe encore en faveur du failli, mais il n'en est pas moins vrai qu'en fait le maintien du concordat est menacé et que de plus le contre-coup des poursuites exercées peut se faire sentir d'une façon sérieuse sur la gestion des affaires du débiteur. Ce danger est évident lorsque ce dernier se trouve placé sous mandat de dépôt ou d'arrêt et mis, par la perte de sa liberté, dans l'impossibilité de s'occuper de ses affaires. Aussi la loi a-t-elle, en ce cas, donné au Tribunal de commerce le droit de prescrire telles mesures conservatoires qu'il appartiendra ; l'étendue et la nature de ces mesures sont laissées à l'appréciation des juges, qui auront à concilier autant que possible l'intérêt des créanciers avec le respect dû à la propriété du failli.

Cependant une lacune semble exister dans le texte de la loi, qui ne se préoccupe pas du cas où le failli est placé sous simple mandat d'amener ; le danger est pourtant aussi grand lorsque le débiteur, laissé en liberté, peut, dans la prévision des suites d'une instruction, dilapider et dénaturer le gage de ses créanciers. Aussi est-on généralement d'accord pour étendre la prescription de l'article 521 à toutes les circonstances où le failli concordataire se trouve sous le coup de poursuites sérieuses, sans distinguer entre les différents mandats qui ont pu être lancés contre lui (¹).

Quoi qu'il en soit, ces mesures prendront fin du jour de la déclaration qu'il n'y a lieu à suivre, de l'ordonnance d'acquittement ou de l'arrêt d'absolution (Art. 521).

L'annulation du concordat, soit par conséquence de la condamnation du failli, soit par décision directe de la justice, mettant le traité à néant, il était logique qu'avec lui tombassent aussi tous ses accessoires. Or il arrive fréquemment que des tiers y sont intervenus pour garantir l'exécution des engagements pris par le failli. On doit donc décider que l'engagement de ces cautions s'éteindra en même temps que la convention dont il a été l'accompagnement. Ce principe a été, non sans de nombreuses discussions, définitivement consacré par le texte de l'acticle 526.

§ 2. — *De la résolution.*

Le Code de 1807 ne parlait pas plus de la résolution que de l'annulation. Néanmoins la jurisprudence, s'inspirant des principes du droit civil sur les contrats synallagmatiques, avait admis la résolution du concordat en cas d'inexécution par le failli des obligations auxquelles il avait donné lieu ; mais, en l'absence d'un texte législatif, la pratique avait dû s'égarer souvent, et la loi de 1838 dut s'occuper spécialement de cette situation et la réglementer d'une manière précise.

L'article 520 est venu consacrer formellement le droit pour les créanciers envers lesquels le failli n'exécuterait pas les engagements qui ont été la cause déterminante des concessions à lui faites, de demander à la justice et d'obtenir d'elle la résolution du traité. Et rien d'ailleurs n'est plus équi-

(¹) Bédarride (t. II, n° 651); Renouard (t. II, p. 104).

table que cette application des principes généraux au cas particulier du concordat. « Quelque faveur, dit M. Bédarride, que l'on doit professer pour
» le concordat, il était impossible de la porter au point d'admettre qu'il
» continuerait à lier les créanciers, alors même que le failli se refuserait
» à l'exécuter, ou serait dans l'impuissance de le faire. »

La résolution doit être prononcée par la justice. Elle ne peut avoir lieu de plein droit ; et nous ne pensons même pas qu'elle puisse résulter d'une stipulation expresse du concordat. Le caractère du concordat et les considérations d'ordre public et d'intérêt général qui s'y rattachent, commandent à notre avis l'intervention de la justice dans sa résolution comme dans sa formation.

C'est le Tribunal de commerce qui est compétent pour statuer, et cette disposition formelle de l'article 520 s'explique par la nécessité où se trouve la justice de prendre immédiatement les mesures que comporte la nouvelle situation du failli.

L'action en résolution appartient à toute personne intéressée ; telle est la règle qui résulte de la loi actuelle, mais cette règle n'a été admise qu'après de nombreux débats. Lors de la discussion du projet de loi, on avait proposé de n'accorder cette action qu'à la majorité tant en nombre qu'en sommes. Les auteurs de la proposition s'appuyaient sur cette considération que, le concordat étant l'œuvre de la réunion des créanciers, cette réunion était nécessaire pour le détruire ; ils prétendaient qu'il y aurait danger à livrer le sort de tous à la volonté individuelle de chacun, en permettant à chaque intéressé de faire résoudre le concordat en totalité. Ces raisons n'ont pas prévalu, et l'on a au contraire consacré le droit de poursuite individuelle, en retranchant la condition de majorité. La justification de cette décision se trouve dans le passage suivant du rapport de M. Quenault : « Après le concordat formé il n'existe plus de masse, plus de com-
» munauté, plus de majorité, plus de minorité, plus de droits collectifs ;
» chacun peut poursuivre l'exercice de ses droits individuels par tous les
» moyens qui lui restent en vertu du concordat ; la majorité serait souvent
» impossible à retrouver, s'il s'est par exemple écoulé plusieurs années
» depuis la formation du concordat ; ce serait soumettre à une condition

» impossible la résiliation qu'il importe de prononcer. Il pourrait même
» arriver que la majorité fût désintéressée, qu'elle n'eût plus aucun intérêt
» à la résolution. »

Il résulte de ce qui précède que la résolution prononcée sur la poursuite de quelques-uns des créanciers opère à l'égard de tous ; en d'autres
termes, il suffit que le failli néglige ses engagements vis-à-vis d'une partie,
quelque minime qu'elle soit, des créanciers concordataires, pour donner à
ceux-ci le droit de faire anéantir totalement le concordat. On s'est
demandé cependant si l'on devait pousser ce principe jusqu'à ses dernières
conséquences, et dire que même un seul des créanciers pourrait faire prononcer la résolution à l'égard de tous.

Sous le Code de 1807, qui ne contenait aucun texte spécial sur les
conséquences de la résolution, on se décidait d'après les principes généraux
des conventions, et le créancier qui se plaignait de l'inexécution du concordat, était libéré des engagements qu'il avait lui-même contractés. Il y
avait là non pas résolution totale du concordat, mais résolution individuelle
de la remise consentie par le créancier ; celui-ci se trouvait dégagé de sa
promesse de réduction et rentrait dans la plénitude de ses droits contre le
failli, mais la situation générale des autres contractants n'était en rien
modifiée.

Cette opinion a été émise dans la discussion de la loi actuelle. « Le con-
» cordat, disait M. Teste, est, dans ses résultats, un acte essentiellement
» divisible ; sa résolution ne doit donc profiter qu'à celui qui l'a obtenue. »

La même solution est-elle admissible depuis la loi de 1838 ? M. Bravard
(p. 471 et suiv.) l'a soutenu, et il va même jusqu'à dire que la résolution
totale du concordat, pour inexécution des conditions, ne peut en aucun cas
être prononcée. Suivant lui, la majorité qui a présidé à la formation du concordat, pourrait seule en provoquer la destruction. Or, cette majorité ne
peut plus être retrouvée après le concordat ; le concordat doit donc subsister
malgré l'inexécution, laquelle ne peut donner lieu qu'à des actions individuelles et à des résolutions partielles. La résolution totale ne serait possible qu'autant que le débiteur pourrait être considéré comme ayant cessé
ses paiements et comme susceptible d'être mis de nouveau en faillite.

Une pareille théorie est difficile à concilier avec les termes de l'article

522, qui présente comme conséquence de la résolution, la reconstitution de l'état de faillite. Cet état, étant essentiellement indivisible, ne peut exister pour les uns et ne pas exister pour les autres; et, comme de plus son existence est incompatible avec celle du concordat, le concordat ne peut subir de résiliation partielle et doit disparaître entièrement, même sur la demande d'un seul des intéressés (¹).

Etant donné le caractère de l'action en résolution, basée sur l'inexécution des engagements stipulés par les créanciers, on doit décider que cette action durera tout le temps pendant lequel l'exécution pourrait être requise. Elle se prescrira donc par trente ans; mais à partir de quelle époque? M. Renouard prend pour point de départ l'homologation; on admet plus généralement, par une application des principes ordinaires, que la prescription ne commencera à courir que du jour où l'exécution des obligations du failli a pu être requise, c'est-à-dire de l'échéance de ces obligations.

La résolution n'a pas, vis-à-vis des cautions, le même effet que l'annulation. Tandis que l'annulation entraîne, avec l'anéantissement du concordat, la libération des tiers qui ont accédé aux engagements du failli, la résolution au contraire laisse subsister les cautionnements.

Cette disposition de la loi de 1838 a été très-vivement critiquée. On y a vu une contradiction inexplicable entre deux règles qui devraient être les mêmes, étant faites pour des cas analogues. Il n'est pas juridique, a-t-on dit, de faire survivre ainsi l'accessoire au principal, et de laisser subsister l'obligation de la caution, quand celle du débiteur est entièrement éteinte; il n'est pas équitable de venir, après avoir enlevé au failli les avantages du concordat, attaquer encore les cautions, qui ne sont intervenues que pour procurer et garantir au débiteur le bénéfice du contrat.

Néanmoins cette dérogation aux principes se justifie par des raisons particulières: « Quand il y aurait, disait M. Vincens à la Chambre des pairs, » une dérogation au droit commun, ce ne serait pas la première fois que » le droit commercial en aurait joui. En matière de concordat, les cir-

---

(¹) Bédarride (T. II, n° 638); Renouard (t. II, p. 102); Dalloz (v° *Faillite*, n° 866); Rivière (p. 697).

» constances qui amènent l'intervention d'une caution, ne sont pas les
» mêmes que dans les autres transactions. » En effet l'engagement des
cautions a été précisément exigé pour le cas où le débiteur n'exécuterait
pas lui-même ses engagements, et il y aurait contradiction à les déclarer
libérées, au cas où cette inexécution a lieu. De plus il est certain que l'intervention des cautions a dû être le motif déterminant de l'admission du
concordat par les créanciers, et ceux-ci éprouveraient un grave préjudice,
si le failli pouvait libérer ses cautions par l'inexécution de ses engagements.

La loi ordonne d'appeler les cautions en cause et de les aviser à la
demande en résolution. Quel a été ici le but du législateur?

Plusieurs auteurs pensent qu'on a voulu permettre aux cautions de faire
leurs offres aux créanciers, et ils en concluent que, si les cautions offraient
d'exécuter intégralement le concordat, la résolution n'en pourrait pas être
prononcée ([1]). Cette opinion nous semble parfaitement justifiée ; car on
comprendrait avec peine que le créancier, recevant de la main des cautions l'intégralité des dividendes auxquels il peut prétendre, eût en même
temps le droit d'enlever au débiteur le bénéfice des avantages qui lui ont
été accordés ; la loi ne saurait sanctionner de pareilles exigences, tendant
à faire concourir la résiliation de l'acte avec son exécution.

Toutefois cette interprétation n'a pas été universellement admise. Suivant M. Bédarride (n° 644), l'inexécution par le failli de ses engagements a
donné l'ouverture à l'action en résolution, et cette action peut dès lors être
exercée par les créanciers, indépendamment de celle qui leur compète
contre les cautions, pour les forcer à l'exécution de leurs propres engagements. Dans ce système, l'offre faite par les cautions ne saurait avoir
aucune influence sur le droit acquis aux intéressés d'obtenir la résiliation ;
leur mise en cause n'aurait d'autre but que de leur permettre de contrôler
la demande, et d'opposer les exceptions que le failli lui-même peut faire
valoir.

§ 3. — *Des conséquences de l'annulation et de la résolution.*

La conséquence directe et inévitable de l'annulation ou de la résolution
prononcées, est la réouverture de la faillite. Ce n'est pas une nouvelle

([1]) Dalloz (v° *Faillite*, n° 880).

faillite qui commence, c'est la même qui continue après l'interruption dont le concordat, aujourd'hui anéanti, avait été la cause. Il était donc inutile que l'état de faillite fût déclaré à nouveau ; mais le Tribunal, en prononçant soit l'annulation, soit la résolution, ou même sur le vu de l'arrêt de condamnation pour banqueroute frauduleuse, devra nommer séance tenante un juge-commissaire et un ou plusieurs syndics.

Sans qu'il soit nécessaire de recommencer toutes les opérations qui ont précédé le concordat, néanmoins diverses mesures sont permises ou ordonnées aux syndics, à cause des modifications qui ont pu se produire dans la situation et dans le patrimoine du débiteur depuis les derniers errements de la faillite. Ainsi ils pourront faire apposer les scellés ; ils devront procéder sans retard, avec l'assistance du juge de paix, sur l'ancien inventaire, au récolement des valeurs actives et des papiers, et procéder, s'il y a lieu, à un supplément d'inventaire. Ils dresseront un bilan supplémentaire. (Art. 522.)

La vérification des créances antérieurement admises et affirmées n'a pas besoin d'être recommencée ; la loi s'en explique formellement, ainsi que d'un point assez évident par lui-même, à savoir que l'on devra rejeter ou réduire celles qui auront été payées en tout ou en partie. Mais il peut arriver, et en fait il arrivera le plus souvent, que de nouvelles dettes auront pris naissance depuis le concordat. Celles-ci, n'ayant pas subi de vérification précédente, devront y être soumises. Il en serait de même des créances antérieures au concordat, et qui, par négligence ou autrement, n'auraient pas été comprises dans la première vérification. A cet effet, les syndics devront faire immédiatement afficher et insérer dans les journaux à ce destinés, avec un extrait de jugement qui les nomme, invitation aux créanciers nouveaux de produire dans le délai de vingt jours leurs titres de créances à la vérification. Cette invitation sera faite aussi par lettres du greffier, conformément aux articles 492 et 493. (Art. 522.)

Ces opérations terminées, on se trouve dans une situation identique à celle qui a précédé la première délibération sur le concordat. Aussi agira-t-on de même ici : les créanciers seront convoqués à une assemblée ayant pour but de décider si un nouveau concordat doit être accordé.

En cas de négative, l'état d'union existera de plein droit. Les créanciers seront consultés sur le maintien ou le remplacement des syndics ; mais il

ne pourra être procédé aux répartitions qu'après l'expiration, à l'égard des
créanciers nouveaux, des délais accordés aux personnes domiciliées en
France par les articles 492 et 497. (Art. 524.)

Les expressions de l'article 524 : « s'il n'intervient pas de concordat, »
montrent qu'il était dans l'esprit du législateur qu'un nouveau concordat
pût intervenir après l'anéantissement de l'ancien. Et même, si l'on s'en
tenait à ce texte, on pourrait croire, la loi ne distinguant pas, que ce
nouvel accord entre les créanciers et le failli est toujours possible. Il ne
faudrait cependant pas aller jusque-là, car il n'est pas douteux que, si le
concordat est tombé par suite d'annulation résultant d'une condamnation
pour banqueroute frauduleuse, un nouveau traité est absolument interdit ;
les termes de l'article 510 ne permettent pas d'hésitation à cet égard.

D'un autre côté, on est parfaitement d'accord pour reconnaître l'admissibilité d'un deuxième concordat en remplacement du premier, résolu pour
inexécution. Une prohibition dans ce cas eût été trop rigoureuse, en même
temps qu'elle pouvait être préjudiciable aux véritables intérêts des créanciers. « L'inexécution, dit M. Renouard, a pu d'ailleurs être excusable ; le
» failli peut avoir, sans mauvaise foi, trop présumé de ses forces, évalué
» son actif à un trop haut prix, ou formé de légitimes espérances que
» l'événement aura trompées. Un nouveau concordat, s'il est à la fois
» moins dur dans ses conditions et plus sûr dans ses garanties, pourra
» être mieux exécuté que le premier. Il était juste de laisser aux créan-
» ciers la liberté d'agir suivant les conseils de leur intérêt. »

Où la question présente une véritable difficulté, c'est quand le concordat a été annulé, non plus de plein droit par suite d'une condamnation,
mais par voie d'action et pour cause de dol. On peut dire en effet que,
dans ce cas, si la condamnation n'est pas venue frapper le failli, les faits
qui auraient pu la motiver existent néanmoins, qu'ils ont été constatés et
qu'il n'y a pas de raison pour traiter le failli plus favorablement dans un
cas que dans l'autre. Néanmoins il ne nous semble pas que l'on puisse atta-
cher à cette situation, comme à la première, la prohibition du concordat.
La banqueroute frauduleuse n'existe légalement que lorsqu'elle a été judiciairement déclarée par l'autorité compétente, c'est-à-dire par la Cour
d'assises ; or rien de tel ne s'est passé dans notre cas ; tout au plus sommes-

nous en présence d'une présomption de banqueroute, et nous savons que, dans la loi actuelle, la simple présomption n'a plus l'effet prohibitif que lui attribuait l'ancien article 521. D'ailleurs, si, au point de vue théorique et doctrinal, le dol du failli ne nous semble pas devoir être un obstacle à sa réintégration, il ne faut pas non plus croire qu'en fait on verra souvent un banqueroutier frauduleux remis à la tête de ses affaires. Le Tribunal devra en effet refuser l'homologation du traité consenti, lorsque des motifs d'intérêt public paraîtront de nature à empêcher le concordat.

La faillite se trouvant rouverte par l'anéantissement du concordat, on doit se demander quel sera le sort des actes faits par le failli pendant le temps qu'il a existé. La loi s'est expliquée formellement sur ce point; elle abandonne ici les règles spéciales édictées par elle au sujet des actes qui ont précédé la cessation des paiements ou le jugement déclaratif de la faillite, et, rentrant dans le droit commun, elle ne prescrit l'annulation qu'au cas de fraude aux droits des créanciers. Elle ne pouvait, en effet, sans commettre une inconséquence, créer des présomptions de fraude contre des actes et des négociations qu'elle encourage en quelque sorte, en replaçant le failli à la tête de ses affaires.

L'anéantissement du concordat fait perdre au failli le bénéfice des concessions qu'il lui avait octroyées, et vis-à-vis de lui les créanciers se trouvent replacés dans une situation identique à celle qui a précédé la formation du traité; ils reprennent leur liberté d'action pour l'intégralité de leurs droits.

Mais, à l'égard de la masse, leur situation sera-t-elle la même? La solution de cette question sera différente, suivant que le concordat aura reçu ou non un commencement d'exécution.

Dans le cas où aucune partie des dividendes n'a été payée, la loi ne fait pas de distinction entre les créanciers, qui arrivent tous à la répartition sur le même pied d'égalité.

Dans le cas contraire, c'est par l'exécution que se règlent les droits que les créanciers peuvent avoir sur l'actif. Ceux qui ont touché une fraction de la part qui leur revient, ne figurent plus dans la masse que pour la fraction de créance correspondant à la portion de dividende non encore payée. Supposons, par exemple, qu'un créancier de 40,000 francs, dont les droits ont été réduits à 10,000 francs, ait touché 5,000 francs, il ne figurera au nouveau règlement que pour 20,000 francs. Cette disposition, qui constitue une sorte d'anomalie, en ce qu'elle fait produire des effets à un traité anéanti, a été admise en faveur des nouveaux créanciers ; ceux-ci, en effet, ont dû, en contractant, compter sur le maintien du règlement intervenu, et il serait injuste de leur faire supporter le concours de ceux qui ont bénéficié de l'exécution partielle du concordat.

N'oublions pas, d'ailleurs, que la réduction que l'on fait ainsi subir aux anciens créanciers ne peut avoir d'effet au profit du failli. Une fois que les créanciers nouveaux seront désintéressés, les créanciers antérieurs, dont la situation n'a pas été modifiée au regard du débiteur commun, auront droit d'agir contre lui, pour tout ce qui leur a été retranché.

Nous n'avons indiqué jusqu'ici, comme susceptibles de détruire les effets du concordat, que l'annulation ou la résolution de ce traité. Il ne faut pas oublier cependant que la déclaration d'une seconde faillite, sans résolution préalable du concordat, produirait indirectement le même résultat. Il peut arriver en effet que, par négligence ou autrement, les créanciers ne poursuivent pas la résiliation d'un concordat inexécuté. Cette inaction de leur part ne peut empêcher, soit le failli, soit tout autre intéressé, de provoquer la déclaration d'une seconde faillite, si les faits caractéristiques en sont constatés. Le § 3 de l'article 526 a visé ce cas, en déclarant que les dispositions prescrites dans le même article devraient être appliquées. Il n'en sera pas de même de toutes les autres règles édictées par la loi pour le cas de résolution directe du concordat ; et pour discerner celles qui doivent être étendues d'un cas à l'autre, il faudra tenir compte des différences qui existent nécessairement entre un retour à une faillite déjà existante et l'ouverture d'une faillite nouvelle.

POSITIONS

DROIT ROMAIN.

I. — Il y a une action publicienne *in factum*.

II. — Si, après un pacte *de non petendo* fait *in rem* par le créancier et le débiteur principal, les mêmes parties font un second pacte en sens contraire, l'obligation du fidéjusseur, éteinte *exceptionis ope* par le premier pacte, revivra par l'effet du second.

DROIT FRANÇAIS.

Droit civil.

I. — Les meubles acquis dans l'intervalle du contrat de mariage à la célébration, en échange de biens immobiliers, tombent dans la communauté.

II. — Le mari, sous le régime de la communauté légale, peut, avec le consentement de sa femme, faire valablement les donations qui lui sont défendues par l'art. 1422, C. C.

III. — La clause d'exclusion totale ou partielle du mobilier entraîne implicitement l'exclusion des dettes mobilières dans la même proportion.

IV. — L'indemnité due par le vendeur au cas d'éviction partielle *pro indiviso* doit être réglée, comme au cas d'éviction partielle *pro diviso*, d'après la valeur actuelle de la portion enlevée.

V. — Si l'adjudicataire sur saisie vient à être évincé, il a droit à garantie contre le débiteur saisi et à la répétition du prix contre les créanciers qui l'ont reçu.

VI. — Le locateur, dont le bail n'a pas date certaine, a privilége seulement pour l'année courante et pour l'année qui suit.

VII. — L'hypothèque constituée par un mineur et ratifiée en majorité, n'est pas opposable au créancier dont l'hypothèque a été constituée pendant la majorité et avant la ratification.

VIII. — L'action contre l'architecte et les entrepreneurs pour la garantie des constructions par eux faites, n'est plus recevable après l'expiration des dix années à compter du jour de la réception des travaux.

Droit commercial.

I. — La majorité numérique, exigée pour la formation du concordat, est celle de tous les créanciers vérifiés, et non pas seulement celle des créanciers présents à la délibération.

II. — Le cessionnaire de plusieurs créances ne représente pas ses cédants et n'a qu'une voix dans la délibération du concordat.

III. — Un seul créancier peut provoquer la résolution du concordat au vis-à-vis de tous.

Droit criminel.

L'aggravation de peine qui résulte d'une qualité personnelle à l'auteur d'un crime, n'est pas applicable à son complice.

Procédure civile.

La disposition de l'article 883 C. Pr. C., qui permet aux membres du conseil de famille de se pourvoir contre la délibération prise à la simple majorité, n'est pas applicable au cas prévu par l'article 160, C. C. (Consentement au mariage du mineur).

Droit administratif.

C'est le caractère particulier de tel ou tel travail communal qui en fait un travail public, soumis à l'article 4 de la loi du 28 pluviôse an VIII.

L. BERTHET.

Vu pour l'impression :

Le doyen,

E. BODIN.

Nantes. — Imp. Vincent Forest et Émile Grimaud, place du Commerce, 4.

www.ingramcontent.com/pod-product-compliance
Lightning Source LLC
Chambersburg PA
CBHW070829210326
41520CB00011B/2180